»Und am vierundzwanzigsten Dezember sind wir tot ...

... oder beinahe tot«, denkt sich die Wiener Buchhändlerin Petra Hartlieb, wenn irgendwann im November der Weihnachtswahnsinn beginnt. Jeder Tisch, jedes Regal, jede noch so kleine Lücke in ihrem Laden ist gefüllt mit den Büchern fürs Weihnachtsgeschäft. Die Kunden kommen in Scharen – und oft genug in Panik. Sie stellen obskure Fragen, spielen lustiges Titelraten mit den Buchhändlerinnen, sind gehetzt, verzweifelt und manchmal auch einfach nur dankbar.

Viele Stammkunden sind mittlerweile zu guten Freunden geworden und bringen dringend benötigte Nahrung, Hilfe in jeder Form sowie gute Laune vorbei. Und so hat die schrecklichste Zeit des Jahres auch schöne Momente. Der allerschönste Tag ist für Petra Hartlieb aber immer noch der eine: der vierundzwanzigste Dezember – denn da gehen spätestens um 13 Uhr die Lichter in der Buchhandlung aus, und alles ist endlich vorbei. Für ein Jahr.

Petra Hartlieb wurde 1967 in München geboren und ist in Oberösterreich aufgewachsen. Sie studierte Psychologie und Geschichte und arbeitete danach als Pressereferentin und Literaturkritikerin in Wien und Hamburg. 2004 übernahm sie mit ihrem Mann eine Wiener Traditionsbuchhandlung im Stadtteil Währing, heute »Hartliebs Bücher«. Davon erzählt ihr Bestseller ›Meine wundervolle Buchhandlung‹ (DuMont 2014). Petra Hartlieb ist außerdem Autorin mehrerer Romane, zuletzt erschien ›Sommer in Wien‹ (DuMont 2019).

PETRA HARTLIEB

WEIHNACHTEN IN DER *wundervollen* BUCHHANDLUNG

DUMONT

Von Petra Hartlieb sind bei DuMont außerdem erschienen:

Meine wundervolle Buchhandlung
Wenn es Frühling wird in Wien
Sommer in Wien

FSC
www.fsc.org
MIX
Papier aus ver-
antwortungsvollen
Quellen
FSC® C083411

Zweite Auflage 2021
DuMont Buchverlag, Köln
Alle Rechte vorbehalten
© 2020 DuMont Buchverlag, Köln
Umschlaggestaltung: Lübbeke Naumann Thoben, Köln
Umschlagillustration: © Martin Haake
Satz: Birgit Haermeyer
Gesetzt aus der Dante
Druck und Verarbeitung: CPI books GmbH, Leck
Gedruckt auf säurefreiem und chlorfrei gebleichtem Papier
Printed in Germany
ISBN 978-3-8321-6508-6

www.dumont-buchverlag.de

Mit Illustrationen von Martin Haake

INHALT

VORWORT

Beinahe fünfzehn Jahre ist es her, dass das große Abenteuer begann.

Wir lebten in Hamburg, mit dreijähriger Tochter und fünfzehnjährigem Sohn, mein Mann hatte einen richtig guten Job, ich zumindest einen vielversprechenden.

Der verregnete Hamburger Sommer schlug uns wieder mal aufs Gemüt, also quartierten wir uns für zwei Wochen bei Freunden in Wien ein.

Bei einem Spaziergang durchs Viertel standen wir auf einmal in der Währinger Straße vor einer geschlossenen Buchhandlung mit verschmierten Scheiben und fingen an, darüber nachzudenken, wie es wäre, in Hamburg alle Zelte abzubrechen und in Wien eine Buchhandlung aufzumachen.

Eines ergab das andere, längst wieder zurück in Hamburg schrieben wir ein Angebot, und Ende September bekamen wir eine kurze E-Mail, die uns den Kauf der Buchhandlung mitteilte. Ganz so ernst hatten wir das doch eigentlich nicht gemeint.

Und dann krempelten wir die Ärmel hoch und stürzten uns ins Abenteuer. Ohne Geld, ohne Wohnung, ohne Sicherheitsnetz, aber mit viel Enthusiasmus, Selbstvertrauen, Fleiß und sehr vielen FreundInnen, die immer da waren, wenn man sie brauchte. Wir liehen uns Geld, zogen zu Freunden ins kleine Haus am Schafberg, zumindest vorübergehend, bis unsere Wohnung über dem Laden fertig renoviert sein würde. Das große Kind blieb allein in Hamburg, das kleine gewöhnte sich rasch an das neue Leben, mit Eltern, die Tag und Nacht arbeiteten, ohne eigene Wohnung, dafür mit zwei Patchworkgeschwistern, inklusive »Bonuseltern«.

2014 schrieb ich die Geschichte auf, aus unserer kleinen Vorstadtbuchhandlung wurde »Meine wundervolle Buchhandlung«, und seitdem vergeht kein Tag, an dem nicht irgendjemand in den Laden kommt, um zu schauen, ob es dort wirklich so aussieht, wie es in dem Buch beschrieben wird.

Hunderte Mails und Briefe habe ich bekommen von Menschen, die mir ihre Geschichte erzählt haben, Geschichten vom Sichtrauen und Geschichten vom Scheitern, viele hatten mit Buchhandel zu tun, bei Weitem aber nicht alle. Es geht in diesen Geschichten ums Mutigsein, um sehr viel Arbeit, sehr selbstständige Kinder, um Glück und Verzweiflung und um den Wert von Freundschaft.

In diesem Buch erzähle ich nun noch ein paar neue Kapitel aus der »wundervollen Buchhandlung«, die sich so oder so ähnlich natürlich auch in jeder anderen Buchhandlung abspielen könnten. Und so widme ich dieses Buch auch allen BuchhändlerInnen, die genauso wie ich unzählige Geschichten aus dem Weihnachtswahnsinn erzählen könnten.

Außerdem widme ich dieses Buch unseren KundInnen, die das ganze Jahr über ihre Bücher bei uns kaufen
und besonders in der Weihnachtszeit zu uns kommen,
obwohl es voll ist und laut und es keinerlei Anonymität
gibt. Kommen Sie weiterhin zu uns, auch wenn wir sehr
müde aussehen, denn ohne Sie würde es uns nicht geben.

WAR DOCH GAR NICHT SCHLIMM!

Draußen scheint die Sonne, und es hat weit über zehn Grad. Beim Spazierengehen an der Donau zwitschern die Vögel, der Hund will unbedingt schwimmen, und als unsere Stammkundin Frau P. mit ihrem Ruderverein an mir vorbeizieht und mir fröhlich winkend einen Gruß hinüberruft, glitzert das Wasser so, dass ich sie kaum erkennen kann.

Es ist Anfang November. Wenn das die Auswirkungen des Klimawandels sind, dann bin ich jetzt einfach mal ignorant und sage: Mir gefällt's.

Heute ist Montag, mein freier Tag. Ich werde ein paar Mails beantworten, eine Einladung vorbereiten, und vielleicht geh ich am Nachmittag in die Stadt, setze mich in ein Kaffeehaus und tue so, als hätte ich alle Zeit der Welt. So weit der Plan.

Doch zu Hause schau ich routinemäßig in den Kalender. Und da steht, ganz unten zwar, aber deutlich zu sehen und zu lesen: *Eva und Petra Weihnachtssause.*

Ich gehe ins Geschäft, also ins Hinterzimmer des Geschäfts, denn ich trage nur Birkenstocksandalen und Trainingshose. Halb verborgen hinter der Tür zum Verkaufsraum gestikuliere ich wild, bis Eva, die im Laden steht, mich bemerkt und zu mir herüberkommt. »Eva, im Kalender steht *Weihnachtssause*«, flüstere ich.

»Ja, ich weiß! Ich freu mich schon!« Sie strahlt mich an, als hätte ich gerade die Kerzen am Weihnachtsbaum angezündet, inklusive Wunderkerzen, und ignoriert mein verzweifeltes Gesicht. Inzwischen ist es ein Ritual zwischen uns, eines, das es gefühlt seit Jahrzehnten gibt und das es wahrscheinlich noch sehr lange geben wird: Je verzweifelter ich bin, desto begeisterter ist sie.

Am späten Nachmittag wird Oliver aktiviert und holt die Kisten mit den Weihnachtsbüchern aus dem Lager. »Die Kisten mit den Weihnachtsbüchern aus dem Lager holen« heißt nicht, dass er irgendwohin spaziert und mit drei Stapeln Bücher in zwei Kisten wiederkommt. Nein, es heißt: Er nimmt den Lieferwagen, fährt 300 Meter weit in die nächste Querstraße, lädt eine halbe Stunde Kisten ein und kommt mit einem Auto, das voll ist bis unters Dach, zurück. Dann parkt er den Lieferwagen so nah wie möglich an der Buchhandlung.

Nachdem wir das Geschäft abgeschlossen haben, sauge ich den Teppich sehr gründlich. Sobald wir die Kisten aus dem Auto geholt haben, läuft Eva zu Hochform auf. Sie schafft es jedes Jahr aufs Neue, den Präsentationstisch in der Kinderbuchabteilung freizuräumen, obwohl die Buchhandlung seit Wochen so vollgestopft ist, dass kein einziges Pixi irgendwo reinpassen würde. So entsteht auf magische Weise eine Fläche von mindestens einem Quadratmeter. Aus diversen Seitenregalen werden zudem die *Game-of-Thrones*-Bände in luftige Höhen neben die

Lernhilfen gepackt, und die paar Science-Fiction-Bücher, die wir ebenfalls in den Regalen an der Seite versteckt haben, kommen einfach zu den historischen Romanen, das merkt keiner. In der Buchhandlung überall Plastikkisten, auf denen in großen Lettern die bedrohlichen Worte *Weihnachten, Nikolaus* und *St. Martin* steht.

Dann beginnt ein Spiel, das jedes Jahr nach dem gleichen Schema abläuft: Jedes einzelne Buch aus den Kisten wird in die Hand genommen, begutachtet und nach Themen auf einen Stapel sortiert. Es sind so viele, dass die Stapel zwangsläufig zu Haufen werden. Zu Haufen auf dem Boden natürlich, deswegen hab ich ja auch vorher so gründlich gesaugt. Es gibt Haufen mit Stoffbüchern, mit Pappbüchern, mit Bilderbüchern, mit Adventbüchern für ganz kleine, für mittelgroße und für ältere Kinder, mit Vorlesegeschichten fürs Kindergartenalter, mit Leselernbüchern, mit Ich-kann-schon-lesen-Büchern und Weihnachtsbüchern für Teenies – ja, auch bei den Drei Fragezeichen gibt es Weihnachten. Conni backt Kekse, Leo Lausemaus will nicht aufs Christkind warten und zum Glück gibt es auch noch die Kinder aus Bullerbü, die dafür sorgen, dass alles so wie früher ist. Pettersson und Findus bekommen schon Weihnachtsbesuch, seit mein Sohn im Kindergarten war (er wird bald dreißig), und Tomte Tummetotts Bart ist ganz weiß, so lange gibt es ihn schon. Auch die Bücher für Erwachsene räumen wir aus den Kisten: Weihnachtskrimis, erotische Geschichten, lustige Geschichten, kurze Geschichten zum Vorlesen im Altersheim, vier verschiedene Ausgaben der

Eva
UND IHR
NORWEGERPULLOVER

Weihnachtsgeschichte von Charles Dickens und immer wieder Waggerl und Rosegger.

Die Bücherstapel werden höher, aber die Kisten nicht weniger, und meine Verzweiflung wächst mit den Stapeln. Irgendwann schickt Eva mich nach oben, um Wein zu holen. Ihre gute Laune ist bemerkenswert. Bei jedem zweiten Buch, das sie in die Hand nimmt, stößt sie einen kleinen verzückten Schrei aus, der selbst gestrickte Pullover mit dem Norwegermuster, den sie extra für diesen Tag ausgesucht hat, fügt sich perfekt in die Kulisse, und auf ihrer Nase glitzert ein wenig Sternenstaub. Ich sehe sie an und weiß: Ich kann sie nicht wirklich verstehen, aber ich liebe sie.

Vier Stunden später ist der Spuk vorbei, Oliver hat die leeren Wannen abtransportiert. Es ist ein Wunder: Alle Bücher haben einen Platz, und es sieht sogar recht ordentlich aus. Ich darf noch ein paar anthroposophische Filzzwerge aufhängen, und Eva platziert die Adventkalender an den Leitern. Wir haben es wieder geschafft.

»Siehst du! War doch gar nicht schlimm«, strahlt Eva mich an. Eh nicht. Aber das hab ich bis nächstes Jahr bestimmt wieder vergessen.

AM VIERUNDZWANZIGSTEN DEZEMBER SIND WIR TOT

In meinen Ohren rauscht der Tinnitus, meine Stimme ist rau und heiser. Ich kann mir nicht vorstellen, jemals wieder den Mund aufzumachen, ohne ein Buch zu empfehlen oder zu fragen: »Wollen Sie ein Sackerl?« Das war nicht immer so.

Als Kind war der vierundzwanzigste Dezember einer meiner Lieblingstage: Meine Schwester und ich durften schon am Vormittag fernsehen – immer lief ein alter Film mit Romy Schneider oder Peter Alexander –, während wir unseren riesigen Tannenbaum üppig mit Süßigkeiten behängten. Wir wussten, irgendwo in der Wohnung waren unsere Geschenke versteckt, und meine Mama stand zusammen mit der Oma seit Stunden in der Küche, um das Essen für die nächsten Tage vorzubereiten. Wir waren aufgeregt und in festlicher Stimmung, zumindest so lange, bis die Eltern anfingen zu streiten. Das passierte meist, kurz nachdem mein Papa mit der anderen Oma eingetroffen war. Mit der, die keine Knödel machen konnte und keinen Strudel, die einfach nur zum Essen kam und auch nie unsere Strümpfe stopfte.

Als ich von zu Hause ausgezogen war, erkannte ich schnell, dass Weihnachten feiern nur mit Kindern wirklich Sinn macht. Das Problem löste ich kurzerhand, indem ich mit zwanzig eines bekam. Und schon war Weihnachten wieder schön und besinnlich: Der erste Heilige Abend als junge Mutter mit Säugling an der Brust in der Wohngemeinschaft meines damaligen Freundes und in den Jahren danach die Partys in meiner eigenen WG. Wir spielten Familie, die Jungs kochten und hinterließen riesige Geschirrberge in der Küche. Den Weihnachtsbaum kauften wir am Heiligen Abend um fünfzehn Uhr, da war er billiger. Geschmückt wurde er mit roten Sternen und Erste-Mai-Abzeichen.

Als das zweite Kind kam, war ich dann glücklich verheiratet, wir hatten eine schöne Wohnung in Hamburg und schmückten den überdimensionierten und überteuerten Christbaum mit echtem Weihnachtsschmuck, backten Kekse, und ich verbrachte den ein oder anderen Nachmittag in der Stadt, um passende Geschenke zu finden.

Dann wurde ich Buchhändlerin. Seitdem ist es vorbei mit der besinnlichen Weihnachtszeit. Am Heiligen Abend arbeiten wir beide bis dreizehn Uhr, danach haben auch alle anderen Geschäfte zu. Aber das ist egal, wir hätten ohnehin nicht die Kraft, noch etwas einzukaufen.

Im ersten Jahr der Buchhandlung war das kein großes Problem, wir hatten kein eigenes Zuhause und bewohnten samt kleinem Kind das Gästezimmer im kleinen Haus am Schafberg. Das große Kind, das noch in Hamburg zur Schule ging, kam zu Weihnachten auf Besuch, musste aber nach der Bescherung zur Oma, denn für ihn gab es keinen Schlafplatz im Haus der Radiologen. Die Ärztefreunde kümmerten sich um alles. E. besorgte den Baum und behängte ihn mit silbernen und metallicblauen Kugeln. Mein Mann zog die Augenbrauen hoch, er ist eher der klassische Typ, aber das war egal, denn sie kochten und hatten alle Geschenke, die man nicht über den Buchhandel beziehen kann, besorgt und verpackt. F. hatte den Großeinkauf übernommen, den Christbaum den Berg hinaufgeschleppt und ging am vierundzwanzigsten mit allen drei Kindern ins Kino, »Pettersson und Findus bekommen Weihnachtsbesuch«. Wir konnten nach dem Abschließen des Ladens sogar noch duschen und eine kleine Pause einlegen. Und nach der Bescherung war die Tochter mit ihrer neuen Puppe beschäftigt und bemerkte gar nicht, dass ihre Eltern nach einem Glas Wein kurz nach acht auf dem Sofa eingeschlafen waren.

Doch dann mussten wir ausziehen aus dem kleinen Haus am Schafberg, denn unsere eigene Wohnung über der Buchhandlung war fertig renoviert. Somit waren wir selbst verantwortlich für die Inszenierung eines stimmungsvollen Weihnachtsfestes für unsere Kinder. Klar hätte man die Geschenke schon im September besorgen können, und natürlich hätte man vorkochen und alles am vierundzwanzigsten Dezember auftauen können. Ja, eh. Hätte man können. Hat man aber nicht, zumindest ich nicht.

Irgendwann kam die Idee auf, die Schwiegereltern zu Weihnachten einfliegen zu lassen. Wessen Idee das war, weiß ich nicht mehr, und es wäre auch kleinlich, jetzt noch darüber nachzudenken, jedenfalls erschien mir die Idee damals nicht schlecht. Der Opa kochte gerne und gut, und die Oma könnte mit den Kindern den Baum schmücken und die Wohnung in einen halbwegs festlichen Zustand bringen. Das war zumindest der Plan.

Um vierzehn Uhr gingen wir von der Buchhandlung in die Wohnung im Stockwerk darüber. Diesmal hatten wir ja Hilfe bei dem ganzen privaten Weihnachtszauber, also hatten wir uns Zeit gelassen, die Kassa ordentlich abgeschlossen und die Buchhandlung noch ein wenig aufgeräumt. Der Christbaum war schön, groß und üppig und lehnte naturbelassen – also nackt und ohne Schmuck – in einer Ecke im Wohnzimmer. Das große Kind lag mit Kopfhörern auf dem Sofa und spielte auf seinem Handy, das kleine Kind hatte schlechte Laune, weil es lieber zu den Freunden ins kleine Haus am Schafberg wollte. Die Oma saß im Sessel und las, sie blickte einmal kurz auf, als ich in der Tür stand, und der Opa erhob sich langsam vom Mittagsschläfchen, um gemütlich die Vorbereitungen fürs Essen zu treffen. Mein Mann versuchte, mich zu beruhigen, sah mir mit besorgtem Blick zu, wie ich hektisch begann, irgendwelches Zeug an den Weihnachtsbaum zu hängen. Dann kam das kleine Kind drauf, dass wir zum Krippenspiel in die Kirche müssten, und nachdem ich das Gefühl hatte, die frische Winterluft würde uns allen guttun, stimmte ich zu. Also schmückten wir den Baum nicht ganz so toll, und das Kochen wurde auf später verschoben. Wir zogen uns an und gingen als große, glückliche Familie in die Kindermesse. Nur der große Sohn nicht, der musste sein Handyspiel noch fertig spielen, und irgendwer musste ja schließlich auch die Geschenke unter den Baum legen. In der Kirche traf ich alle KundInnen der letzten Wochen, der Messgang war also wenigstens für meine Reputation im Bezirk nicht schlecht.

Einige Jahre später änderte sich die Situation und ist im Wesentlichen bis heute so geblieben: Wir wohnen zwar weiterhin über der Buchhandlung, haben aber inzwischen auch ein kleines Häuschen auf dem Land. Das große Kind ist erwachsen, lebt in Wien und zeigt sich kooperativ. Das heißt, er hat wieder Lust, mit seinen Eltern Weihnachten zu feiern, und besitzt einen Führerschein. Er packt am dreiundzwanzigsten Dezember seine kleine Schwester, den Hund, die Weihnachtsgeschenke, die Einkäufe und den Lesestoff für eine Woche in unseren Lieferwagen und fährt ins Weinviertel.

Jedes Jahr am dreiundzwanzigsten Dezember falle ich beinahe auf die Knie vor lauter Glück, weil es schon fast vorbei ist und wir das kleine Häuschen auf dem Land haben, in das wir immer am vierundzwanzigsten Dezember fahren. Abfahrt: 24. Dezember um 15 Uhr 22, Franz-Josephs-Bahnhof. Wir schließen am Abend des dreiundzwanzigsten Dezembers den Laden ab, räumen notdürftig auf, das heißt, wir füllen die Lücken in den Regalen, und dann gehen wir ins Restaurant zwei Straßen weiter zu unserem Freund Georg zum Essen. Wahrscheinlich ist das der glücklichste Tag im Jahr, nur merken wir es nicht, weil wir so fix und fertig sind. Wir essen richtig gut, trinken viel zu viel und gehen viel zu spät ins Bett, denn: Am nächsten Tag ist alles überstanden! Die letzten fünf Stunden am Heiligen Abend sind geprägt vom großen »Alles-egal-Gefühl«. Es kommt keine Ware mehr an, das heißt, wir packen nichts aus. Und die Kunden, die jetzt noch kommen, sind demütig und bescheiden. Echte Verzweiflungstäter, die gar nicht davon ausgehen, dass sie ihr Wunschbuch noch bekommen. Also keine Rede mehr von: »Wie, das haben Sie nicht lagernd?« oder »Bei Amazon würd ich es aber sofort bekommen.« Die Kunden des vierundzwanzigsten Dezembers sind dankbar und kaufen alles, was da ist. Wollen sie ein Bergbuch, kann es passieren, dass sie mit einem Fahrradbuch dahinziehen, eine Biografie kann auch mal zum Kochbuch werden. Hauptsache, es ist in Weihnachtspapier eingewickelt. Um dreizehn Uhr sperren wir zu, die Mitarbeiter, die keine Kinder haben, also mit uns arbeiten mussten, stoßen einen lauten Schrei aus, wir fallen uns alle um den Hals, nachdem wir das Türschild auf *Geschlossen* gedreht haben. Eine Flasche Sekt wird geöffnet, kleine Geschenke werden verteilt, und dann wollen alle so rasch als möglich den Ort verlassen, an dem sie in den letzten Wochen den Großteil ihrer Zeit verbracht haben. Oliver und ich rennen zum Bahnhof und versorgen uns im Fast-Food-Restaurant mit Proviant und zwei großen Bechern Kaffee. Der Zug hat die Stadtgrenze noch nicht erreicht, da lehne ich bereits an der Schulter meines Mannes und schlafe.

Am Bahnhof im Weinviertel stehen unsere Kinder und der Hund. Es ist kalt und fast schon dunkel, aber die Fenster des kleinen Hauses sind erleuchtet, und in beiden Öfen brennen Feuer. Als aufgeräumt kann man es nicht gerade bezeichnen, und der Christbaum ist nur vorne geschmückt, die Kinder hatten nicht so viel Zeit, schließlich mussten sie zwei Harry-Potter-Filme schauen. Zum Essen gibt es Lasagne, denn die kann mein Sohn wirklich gut. Ein Schläfchen auf dem Sofa, ausgedehnte Gassi-Runde, Bescherung, essen, spielen. Und alle fünf Minuten muss ich daran denken: Ich muss morgen nicht in den Laden. Ich muss morgen keine Romanhandlung nacherzählen. Ich muss morgen kein Geschenk verpacken. Ich bin der glücklichste Mensch auf der ganzen Welt.

Und dann kommt das Jahr, in dem wir zum ersten Mal kein Kind zum Weihnachtenfeiern haben, denn das große ist ja schon lange kein Kind mehr, und das kleine ist jetzt auch schon fast groß und macht ein Auslandsjahr in Finnland. Und nein, sie kommt nicht zu Weihnachten nach Hause, und wir besuchen sie auch nicht. Sie feiert Weihnachten mit ihrer neuen Familie und ist wild entschlossen, alles nachzuholen, was sie in den letzten zwölf Jahren versäumt hat.

Sie fährt jeden Tag durch den verschneiten Wald mit dem Fahrrad zur Schule, hat zwei kleine »Geschwister«, die an den Weihnachtsmann glauben, und die Adventzeit verkürzen sie sich so, wie sich das gehört: mit Kekse backen, Rodeln, Iglu bauen, Briefe an die Weihnachtswichtel schreiben und kleine Geschenken basteln. Am Tag vor Heiligabend fährt sie mit ihrer neuen Familie zu den neuen Großeltern, in ein unaussprechliches Kaff irgendwo im finnischen Norden, auf den Fotos, die sie kommentarlos via WhatsApp schickt, sieht man Bäume und noch mehr Schnee, und die Häuser sehen aus wie aus einem Astrid-Lindgren-Roman. Als wir ein paar Tage vor Weihnachten telefonieren, fragt sie, ob ich sie vermisse, und kurz denke ich daran, wie praktisch es wäre, wenn sie jetzt da wäre. Sie könnte einkaufen, die Spülmaschine ausräumen oder mit dem Hund rausgehen. Ich sage nichts, und sie versteht es auch so. Und wenn ich gefragt werde, ob ich sehr traurig oder eifersüchtig bin, weil sie Weihnachten mit einer anderen Familie feiert und so, sage ich Ja, weil es wohl irgendwie von mir erwartet wird. Aber eigentlich bin ich zu müde, und außerdem weiß ich, dass ich elf Monate im Jahr eine wirklich gute Mutter bin. Wir haben unsere Momente, die Tochter und ich, nur eben nicht im Dezember.

Im Herbst schlägt mein Mann vor, an Weihnachten irgendwohin zu fliegen, und ich bin nach fast zwanzig Jahren Ehe wieder einmal total überrascht. Mein Mann, der eigentlich immer nur ins Weinviertel will und auf Städtereisen immer in Städte, die er schon kennt – dann hat man keinen Sightseeingstress, sagt er –, schlägt eine Reise vor. Mit dem Flugzeug. In eine unbekannte Stadt. Wo wir noch nie waren. Nur wir zwei. Ich sage sofort: Rom, Neapel, Barcelona, Lissabon, doch er winkt ab: »Ich fahr doch im Dezember nicht in ein Land, wo sie nicht wissen, wie man heizt!« Also, in den Norden. In Oslo waren wir schon, Helsinki geht nicht, da fühlt sich die Tochter verfolgt, und die Leute glauben, wir sind verrückt, wenn wir so in ihre Nähe fahren, aber nicht zu ihr. Also schauen wir, was die Flüge nach Stockholm kosten. Gar nicht so teuer, denken wir. Und treffen am nächsten Tag auf der Straße prompt ein befreundetes Paar. Eigentlich waren sie früher einfach Kunden, und wie so viele sind sie irgendwann zu lieben Freunden geworden. Ganz zufällig haben die beiden eine Wohnung in Stockholm. Und weil ihre erwachsenen Kinder in Wien wohnen, werden sie Weihnachten nicht in Stockholm feiern. »Aber ihr könnt da doch hinfahren, Sweeties! Ihr könnt unsere Wohnung haben«, bieten sie uns an, und wer uns kennt, weiß, dass wir uns das nicht zweimal sagen lassen.

Am zwanzigsten Dezember sind wir bei ihnen zum Abendessen geladen, es gibt Quiche und Salat und sensationellen Kuchen, einen Stadtplan von Stockholm, einen Schlüsselbund, eine genaue Wegbeschreibung vom Flughafen zur Wohnung, eine Anleitung, wie man die Alarmanlage ausschaltet, den WLAN-Code und eine Reservierung für ein Julbord, das ist ein traditionelles schwedisches Weihnachtsbuffet.

In diesem Jahr fällt der vierundzwanzigste Dezember auf einen Sonntag. Ich realisiere es ein paar Tage vorher, und es fühlt sich an, als hätte ich eine Woche Urlaub geschenkt bekommen. Den Hund haben wir am Freitag schon in die Tierpension geschickt, das heißt, ich kann am Samstag bis halb neun schlafen, bevor wir zwischen neun und achtzehn Uhr den größten Umsatz in der Geschichte der Buchhandlung einfahren. Der ganze Tag fühlt sich nicht schlimm an, denn ich weiß, dass es heute Abend vorbei sein wird. Ich werde ein großes Steak bei Georg essen, mein Lieblingskellner wird mir unaufgefordert meinen Lieblingswein vor die Nase stellen, dann werden wir einfach ins Bett fallen und können am nächsten Tag ausschlafen.

Es ist seltsam, den Nachmittag des vierundzwanzigsten Dezembers auf dem Flughafen zu verbringen. In den Geschäften stehen gelangweilte Verkäuferinnen, die Gänge sind wie ausgestorben. Wir essen Burger und Pommes, schlendern zu unserem Gate und sind müde und glücklich.

Ein paar Stunden später sitzen wir in einem kleinen Restaurant mit Blick auf die Stockholmer Schären. Eine

strohblonde Mia erklärt uns das Buffet, und wir essen Fisch in Mayonnaise, gekochten Fisch, geräucherten Fisch, Fischsalat, Rentierfleisch, Köttbullar und dann auch noch Nachtisch, bis wir nicht mehr können. Die Wohnung der Freunde ist groß, gemütlich und wunderschön, der Supermarkt ums Eck hat jeden Tag bis dreiundzwanzig Uhr auf, und wir finden alleine den Umstand, dass wir Zeit haben, uns ein paar Nudeln zu kochen, schon den puren Luxus. Wir schlafen jeden Tag, bis wir von selbst aufwachen, trinken Kaffee im Bett und raffen uns schließlich gegen Mittag auf, die Wohnung zu verlassen. Schließlich sind wir extra in eine andere Stadt geflogen, da kann man nicht den ganzen Tag im Bett liegen. Jeden Tag machen wir einen Spaziergang, schauen uns ein Museum an, und ich überrede meinen Mann, mit mir in die Astrid-Lindgren-Welt zu gehen.

Doch eigentlich sind wir sehr froh, dass das Wetter schlecht ist. So haben wir einen guten Grund, jeden Tag nach Einbruch der Dunkelheit – also am frühen Nachmittag – das Sofa nicht mehr zu verlassen und von da aus, ein bisschen später, ins weiche Boxspringbett zu wechseln.

HABEN SIE KEIN MÄDCHEN?

Geschenkpapier ist wichtig. Je näher der vierundzwanzigste Dezember rückt, desto wichtiger wird es. Manchmal hat man das Gefühl, das Papier drumherum ist fast wichtiger als der Inhalt.

Im November fällt es uns irgendwann ein: Wir müssen Weihnachtspapier bestellen. Anna und ich durchforsten die Onlinekataloge, und wie heißt doch gleich die Firma, bei der wir jedes Jahr bestellen und die uns die große Rolle in die passende Länge schneidet? Wie jedes Jahr ist es nicht einfach: Welche Farbe? Welches Muster? Unterschiedliche Papiere für Kinder und Erwachsene oder eines, das für alle Altersgruppen passt? In puncto Geschenkpapier gibt es so viele Meinungen wie Kollegen: »Mit Glitzer fände ich schön!« Eva versucht es jedes Jahr aufs Neue, am liebsten hätte sie Papier mit funkelnden Einhörnern. Die Death-Metal-Kollegin hätte wahrscheinlich gerne eines mit Totenköpfen, und wenn man die Jüngste aussuchen lassen würde, käme sicher was mit Kätzchen raus.

Oliver will nichts Buntes, für ihn kommt sowieso nur das Dunkelgrün-Rote infrage, alles mit viel Farbe ist ihm zuwider. Weihnachtsmänner und Rentiere sind ein No-

Go, denn der Österreicher versteht keinen Spaß, wenn man ihm sein heiliges Christkind wegnehmen will. Metallisch glänzend auch nicht, da spielen die Umweltbeauftragten des Betriebs nicht mit.

In einem Punkt sind wir uns immerhin alle einig: Bei uns gibt es kein geschlechtsspezifisches Papier. Niemals. Weder unterm Jahr noch zu Weihnachten. Wir sind strikte Gegner des Blau-Rosa-Wahnsinns, boykottieren rosa Legobücher für Mädchen, bestellen Städteführer und Grillbücher »für Mädels« nur widerwillig auf Kundennachfrage und lieben kleine Jungs, die sich pastellige Bücher à la *Glücksbäckerei* wünschen. Also muss auch das Weihnachtspapier geschlechtsneutral sein.

Anna und ich bestellen, also suchen Anna und ich schließlich auch aus. Wir nehmen das Grün-Rote und ein Kinderpapier, schön altmodisch mit Spielzeugmotiven, Nussknackern und Mistelzweigen drauf, da muss er durch, der Chef.

Seit einem Jahr haben wir Ghalia bei uns, sie ist Einpackerin. Also eigentlich ist sie Mathematiklehrerin, aber die Stadt, in der sie unterrichtet hat, besteht nur noch aus Ruinen, deswegen ist sie mit Mann und Kindern von Syrien nach Österreich geflohen. Ihr größter Wunsch ist es, wieder in ihrem Beruf arbeiten zu können. Aber das ist nicht so einfach, denn keines ihrer Zeugnisse, geschweige denn die Bestätigung ihres Universitätsabschlusses, hat Krieg und Flucht überdauert. Nun beißt sie sich (oft mit mir gemeinsam) an der österreichischen Bürokratie die Zähne aus, arbeitet ein paar Stunden in der Woche bei uns und lernt Deutsch. Sie saugt jedes Wort und jede Redewendung wie ein Schwamm in sich auf und hofft auf eine zweite Chance. In unserem Geschäft arbeitet nun also für ein paar Stunden die Woche eine Mathematiklehrerin als professionelle Einpackerin. Sie verdient dabei leider nichts, das wird nämlich alles von der Mindestsicherung abgezogen. Obwohl die Familie mit dem Geld kaum auskommt, ist es für Ghalia nicht so wichtig. Hauptsache sie hat eine Arbeit, Kolleginnen und eine Chefin.

Ghalia steht im Dezember im Hinterzimmer der Buchhandlung und wartet auf die Bücher, die wir ihr zum Verpacken nach hinten bringen. Sie macht das schön, faltet kunstvoll Streifen, klebt die Etiketten drauf oder schreibt die Titel ab, damit die Kunden wissen, was drin ist. Ghalia liebt es, die fertigen Pakete nach vorne zu bringen und sie dem jeweiligen Kunden zu überreichen.

Ja, es ist nach wie vor ein bisschen außergewöhnlich, dass eine Frau im Hidschab in einer Buchhandlung im

gutbürgerlichen Währing arbeitet. Manche KundInnen blicken erstaunt, andere bedanken sich überfreundlich bei ihr, manche übernehmen das Paket mit einem höflichen »Shukran«, dem arabischen Wort für Danke.

Es gibt aber auch den einen oder anderen kritischen Blick auf Ghalia, und mein Angebot, die Bücher von der Kollegin einpacken zu lassen, wurde auch schon mal mit einem »Macht die das auch ordentlich?« beantwortet. Wie gerne würde ich erwidern: »Nein, sie ist schließlich Araberin, die machen nie was ordentlich!« Natürlich verkneife ich mir das, und zu Ghalia sage ich: »Bitte mach es extraschön.« Sie klebt also noch drei goldene Sterne drauf, bringt es vor und drückt es dem Kunden freudestrahlend in die Hand: »Bitte schön.«

»Könnten Sie das ein bisschen einpacken?« Wir fragen uns schon lange nicht mehr, was *ein bisschen* einpacken bedeuten soll. Einen kleinen Papierstreifen über das Buch kleben? Ein Stück Papier lose herumwickeln? Nur eine Schleife darumbinden, ohne Papier?

Aber gut, *ein bisschen* geht schnell, wenn es nur ein Buch ist, dann machen wir das vorne, rasch, zwischen zwei Kunden, auf den zwanzig Zentimetern, die wir auf der Ladentheke, zwischen Kasse und Bücherstapel, Platz haben.

Niemand, wirklich niemand, nicht in unserem Laden, nein, wahrscheinlich niemand auf der ganzen Welt kann so charmant »Sehr, sehr gerne« sagen wie Peter. Er verliert nie die Nerven, ist immer freundlich, und besonders die älteren Damen liegen ihm zu Füßen. Eine allerdings blickt ihn verwundert an, als er sich bückt und ein großes Stück Papier von der Rolle reißt. »Haben Sie kein Mädchen?«, fragt sie ihn verwundert. Ich höre es von Weitem und verstehe erst gar nicht, was sie eigentlich meint. Peter schon. »Ich bin das Mädchen«, strahlt er sie an. Da bietet sie an, ihm ein bisschen zu helfen.

Eine Kundin sieht genau zu, wie Eva den dicken Roman verpackt. »Das ist aber ein hässliches Papier. Haben Sie kein anderes?« Evas Hand schwebt einen kurzen Augenblick über dem Päckchen, ich weiß genau, dass sie den Impuls, das Papier runterzureißen, nur mühsam unterdrücken kann. Sie sagt nichts, steckt das Buch samt Geschenkverpackung in eine Tüte und überreicht es wortlos. Als die Kundin den Laden verlassen hat, sieht Eva mich an und hat Tränen in den Augen. »Warum sagt die das?«

»Können Sie mir das auch so schön einpacken, wie die Kollegin das gemacht hat? So ein schönes Papier, hab ich zu Hause nicht.« Die Kundin sieht Lena gebannt zu, wie sie ein Geschenk für jemand anderen verpackt. »Sie machen das sehr schön. Sie sind die Spezialistin. Können Sie das auch so schön?«, wendet sie sich wieder Hanna zu. Die lächelt hintergründig und beginnt, das Buch zu verpacken.

»Na, der Tesafilm ist ja schmutzig. Das gefällt mir jetzt aber gar nicht.«

Hanna schweigt und macht weiter.

»Na ja, jetzt ist es zu spät. Neu einpacken brauchen'S das jetzt auch nimmer.«

Hanna klebt die andere Seite zu.

»Das schaut jetzt aber anders aus! Das haben Sie jetzt ganz anders gemacht als auf der ersten Seite. Machen'S diese Seite noch mal, aber genauso!«

Hanna schaut fragend, die Kundin beginnt, das Paket auf einer Seite zu öffnen. »Schaun'S, der geht eh gut runter der Tesafilm. So, und jetzt falten'S das auch noch so, und zukleben tun Sie es dann da. So ist es viel schöner. Danke.«

Wir schließen um achtzehn Uhr, und um fünf nach sechs legt eine Kundin einen beachtlichen Stapel Pixibücher vor Anna auf den Ladentisch. »Können Sie die einpacken?« Es klingt nicht wie eine Frage, für die Dame ist es selbstverständlich. Anna reißt ein großes Stück Papier von der Rolle.

»Nein, nicht alle zusammen. Jedes Pixi einzeln, bitte.« Anna zählt den Stapel durch. Vierundzwanzig Stück, da will sich wohl jemand das Adventkalenderbasteln sparen.

»Es tut mir leid, wir haben seit zehn Minuten geschlossen, ich kann das nicht mehr machen.« Anna ist höflich, aber bestimmt.

»Das sind ja ganz kleine Bücher, das geht doch schnell.« Die Dame schaut Anna verständnislos an.

»Äh, nein, das geht nicht schneller als bei großen. Sie können die Bücher aber gerne hierlassen, dann werden sie morgen eingepackt.«

»Gut, dann hol ich sie morgen um neun Uhr ab.«

»Wie sperren morgen erst um neun Uhr auf.«

»Ja, und?«

»Da haben wir sie noch nicht verpackt.«

Die Kundin schaut noch irritierter. Es ist für sie schier unvorstellbar, dass Anna nicht einfach noch eine halbe Stunde länger bleibt oder morgen eine halbe Stunde früher kommt, um diese vierundzwanzig Pixis zu verpacken. Mittag ist ihr zu spät, da macht sie es dann doch lieber selbst. »Ein bisschen Geschenkpapier können Sie mir ja wohl mitgeben, oder?«, fordert sie, und dann will sie auch noch unseren Tesafilmabroller, den wir ihr leider nicht leihen können.

»Das sind nicht meine Bücher!« Der junge Mann bringt einen ganzen Sack mit verpackten Büchern wieder zurück. Vor zwei Tagen war er lange im Laden, hat sich in Ruhe umgesehen und einen großen Stapel zusammengestellt. Unser Angebot, die Bücher am nächsten Tag fix und fertig verpackt abzuholen, hat er gerne angenommen.

Nun steht er wieder da und überreicht uns das Sackerl. Keines der Bücher, die er ausgesucht hat, ist dabei. Ghalia hatte natürlich sorgfältig die Etiketten auf die verpackten Bücher geklebt, und zu Hause wollte der Herr anscheinend seine Geschenke sortieren. Er erkannte keines der Bücher wieder. Oliver versucht, mit ihm zu rekonstruieren, was es alles war, zum Glück ist das meiste noch da. »Sie heißen aber schon Mayerhofer, oder?«

»Ja, so heiße ich.« Auf dem Sackerl steht der Name, fett geschrieben mit schwarzem Filzstift. Wir entschuldigen uns, er nimmt es mit Humor. Nun ist es wohl zum ersten Mal passiert: Ghalias mangelnde Deutschkenntnisse sind uns zum Verhängnis geworden. Wem aber gehören die Bücher, die Herr Mayerhofer zurückgebracht hat? Wenn ein ganzes Sackerl vertauscht wurde, wer hat dann die komplett falschen Geschenke unterm Weihnachtsbaum liegen?

Zwei Tage später kommt wieder ein junger Mann und sagt: »Mayerhofer. Ich möchte gerne meine verpackten Bücher abholen.«

Trotz völliger Überarbeitung und Erschöpfung funktioniert mein Hirn noch ganz gut, und ich schalte sofort: »Sie heißen wirklich Mayerhofer?«

»Ja. Wieso?«

»Haben Sie einen Bruder?«

»Ja. Wieso?«

»Kauft der auch bei uns?«

»Ja. Wieso?«

»Nur so. Eine kleine Verwechslung. Bitte schön. Hier sind Ihre Bücher. Vielen Dank.«

Ghalia hat alles richtig gemacht, und wir schreiben ab jetzt auch die Vornamen auf die Sackerl.

EIN ADVENTKRANZ
ODER EIN GERUPFTES HUHN?

Kinder brauchen Rituale. Besonders in der Vorweihnachtszeit. Adventkranzbinden, Adventkranzkerzen an jedem Sonntag anzünden, Adventkalender, Nikolausstiefel vor die Tür stellen, Kekse backen, Brief ans Christkind schreiben – das alles ist wichtig für Kinder. Zumindest dachte ich das in meinem früheren Leben, bevor ich Buchhändlerin geworden bin.

Das kleine Kind war im perfekten Adventzauberalter, klein genug, um ans Christkind zu glauben, groß genug, um beim Keksebacken zu helfen und Weihnachtslieder auswendig zu lernen. Doch als sie knapp vier war, kamen ihre Eltern auf die Idee, eine Buchhandlung zu kaufen, und dann wurde alles anders.

Nun geht es nur noch darum, den Kühlschrank halbwegs zu füllen, die Nummer des richtigen Pizzadienstes eingespeichert zu haben, hin und wieder eine warme Mahlzeit bereitzustellen und aufzupassen, dass man jede Nacht zumindest sechs Stunden Schlaf bekommt. In der letzten Novemberwoche, als ich es wirklich nicht mehr aufschieben kann, ein Weihnachtsschaufenster zu gestalten, gibt es auf meiner Facebook-Pinnwand die Adventkalender-Challenge der Supermums. Also all jene, die nicht im Handel arbeiten und die sich schon seit Wochen überlegen, wie sie die Adventkalender für ihre Sprösslinge gestalten. Selbst gebastelte, teilweise selbst genähte oder zumindest nachhaltig produzierte Stoffsackerl, die mit kleinen, nützlichen Dingen und Fair-Trade-Schokolade befüllt sind und dekorativ in den aufgeräumten Wohnzimmern rumhängen.

In unserem Wohnzimmer liegt die Wäsche, die ich nach der letzten Bügelorgie der Putzfrau wieder nicht in den Schrank geräumt habe. Und Bücherstapel. Und ein zerfetztes Kissen, ein Opfer des Hundes, der sich wohl auch vernachlässigt fühlt.

Es ist der dreißigste November, und wo ist noch mal dieser scheiß Adventkalender?

Ich kommentiere die Facebook-Einträge mit *Strebermütter* und begebe mich auf die Suche nach den Jutesäckchen mit den Zahlen eins bis vierundzwanzig. Sie stammen aus meinem früheren Leben. Damals, als es noch November gab, in denen ich nach meiner Arbeit losgezogen bin, um Weihnachtsgeschenke für meine Liebsten zu besorgen und Kleinkram für den Adventkalender. Nun

falle ich am Ende eines Arbeitstages einfach ins Bett, nachdem ich mir ein Butterbrot geschmiert habe und ein Glas Wein mehr oder weniger auf ex getrunken habe.

Oliver findet die Säckchen in der hintersten Ecke des Schrankes, es sind zwar nur mehr dreiundzwanzig, aber egal, und spannt zwischen zwei Bücherregalen eine Wäscheleine, auf der wir mit Büroklammern die Jutetäschchen befestigen. In der Buchhandlung befinden sich kleine nützliche Dinge, wie Radiergummis, Pixibücher, Bleistifte. Mit Mädchenkram wie Haarspangen oder Schleifchen ist das Kind leider nicht zu beeindrucken, doch zum Glück gibt es das wunderbare Schokolade-Tee-Geschäft am Anfang der Währinger Straße. Als ich am nächsten Tag um neun Uhr früh anrufe, sage ich nur meinen Namen, und die Besitzerin lacht: »Ich hab schon alles vorbereitet und komm am Nachmittag zu euch. Und ja, ich weiß: nur dunkle Schokolade. Und den Nikolo bring ich auch gleich mit.«

Ein paar Jahre später ist das Kind dem Harry-Potter-Fieber verfallen und nimmt die Gestaltung der besinnlichen Vorweihnachtszeit selbst in die Hand. Im Internet hat sie einen Harry-Potter-Adventkalender gefunden. Es ist erst Anfang November, wenn sie hartnäckig genug ist, schaffen wir die Bestellung vor dem ersten Dezember. Bei Amazon kostet er 29,90 Euro und würde in zwei Tagen geliefert werden, aber wir bestellen natürlich nicht bei Amazon. Doch im Spielzeuggeschäft um die Ecke haben sie das Ding nicht. Zum Glück ist ihre beste Freundin auch angesteckt, und die Mutter fährt los, um zwei Harry-Potter-Lego-Adventkalender zu besorgen. Ab dem ersten Dezember wartet das Kind jeden Tag sehnsüchtig auf die Mittagspausen der Angestellten. Die verbringen sie nämlich in unserer Küche, und da wird dann jedem, den es interessiert, das neue Element, das sich an diesem Tag hinter dem Türchen versteckt hat, vorgeführt. Statt in Ruhe ihre Suppe zu löffeln, müssen die MitarbeiterInnen nun mithelfen, Hermine und Ron zusammenzubauen, die kleinen Quidditch-Schläger unter dem Küchentisch zu suchen und das alles schön zwischen den Suppentellern zu arrangieren. Da müssen sie durch, diesen Arbeitsplatz gibt es nur mir Familienanschluss.

Man kann einen Adventkranz im Supermarkt kaufen. Das ist leicht. Man kann ihn auch im schicken Blumengeschäft bei uns in der Straße kaufen, das ist auch leicht, nur teurer. Wenn das Kind aber in einen ambitionierten Kindergarten geht, dann bekommt man eine Einladung zum abendlichen Adventkranzbinden, inklusive Punschtrinken. Man muss nur einen Strohkranz kaufen, Halterungen für die Kerzen und die Kerzen. Und ein bisschen Schmuck, aber wir haben es eh gerne schlicht. Das Haushaltswarengeschäft von gegenüber führt alles, ich muss nicht zum Baumarkt, also werde ich das wohl schaffen.

Im Kindergarten sitzen all die entspannten Mütter, trinken Punsch und essen selbst gebackene Kekse. Die Kindergärtnerinnen haben Tannenzweige besorgt, und dann beginnt das fröhliche Wickeln. Ich denke an die zehn Kisten mit Büchern, die ich heute noch auspacken muss, und betrachte den Kranz, der ein wenig aussieht wie ein gerupftes Huhn. Ich bin sehr stolz auf mich.

Das Kind liebt Vanillekipferl. Und Kekse mit Schokoladenglasur. Gibt es alles im Supermarkt. Aber das Kind ist mit den Geschichten aus Bullerbü aufgewachsen und weiß demnach, dass nur selbst gebackene Kekse richtig gute Kekse sind. Also laden wir am Sonntagnachmittag zum gemeinsamen Keksebacken. Rezeptbücher haben wir genug, der große Sohn besorgt am Samstag die Zutaten.

Es ist eine gute Gelegenheit, den mit Büchern vollgestapelten Esstisch leer zu räumen, denn um vierzehn Uhr kommen sechs hoch motivierte Eltern samt ihren Kindern und wollen Teig rühren, Vanillekipferl wälzen und Kekse ausstechen. Jemand hat sogar eine CD mit Weihnachtsliedern mitgebracht, die Kinder tragen putzige Schürzen, haben rote Backen und naschen Teig. Mein Mann schiebt tapfer ein Backblech nach dem anderen in den Ofen, und die Nachbarin passt auf, dass die flüssige Schokolade nicht auf den Wänden landet. Hier setzt meine Erinnerung aus.

Als ich auf dem Sofa im Arbeitszimmer wieder auf-wache, stehen die Kekse zum Trocknen auf dem Tisch, die Küche ist tipptopp aufgeräumt, und die Weihnachts-lieder plätschern leise durch die Wohnung. Irgendwie schmecken die Vanillekipferl vom Bäcker besser als die selbst gebackenen, das würden wir aber niemals laut aus-sprechen. Nicht mal das Kind.

LASS MICH EINFACH HIER SITZEN UND sterben

Es ist die letzte Woche vor Weihnachten, ein Freitag. Noch zwei Tage, dann ist es vorbei. Großkampftag. Hunderte Bücher gehen heute über den Ladentisch, Hunderte Geschichten werden erzählt, zig Bücher in Weihnachtspapier eingewickelt. Der Dienstplan ist minutiös eingeteilt, wir sind den ganzen Tag zu sechst, jeder macht eine Stunde Mittagspause, ansonsten: durcharbeiten, durchreden, durchlaufen. Im Laden stehen teilweise zwanzig Menschen gleichzeitig, es gibt keine einzige Minute, in der jemand aus dem Team stillsteht, selbst die Toilettenbesuche sind aufeinander abgestimmt. Man kann nicht einfach aufs Klo gehen, ohne den anderen Bescheid zu sagen.

Es ist noch nicht zehn, ich erkläre einer Dame in der Kinderbuchabteilung die verschiedenen Modelle der Erstlesebücher, als mich plötzlich eine Übelkeitswelle durchfährt. Ich muss in dieser Sekunde hier raus und kann Eva, die gerade in der Nähe steht, nur noch zurufen: »Bitte übernimm du, ich komm gleich wieder.« Ich renne in unsere Wohnung und schaffe es gerade noch rechtzeitig auf die Toilette. Da verbringe ich die nächste halbe Stunde, ich sitze abwechselnd auf dem Klo und knie auf dem kalten Fliesenboden, den Kopf über der Schüssel. Es ist undenkbar, mich von hier wegzubewegen. Irgendwann fällt wohl in der Buchhandlung jemandem auf, dass ich nicht mehr da bin. Oliver kommt, sucht mich und öffnet vorsichtig die Klotür. Ich sitze mittlerweile auf dem Boden, den Kopf an die Wand gelehnt, und überlege seit zwanzig Minuten, wie ich es ins Bett schaffen könnte. Dazu müsste ich einen kleinen Flur, das Badezimmer, das Wohnzimmer und das Arbeitszimmer durchqueren – also eine unmögliche Aufgabe.

»Lass mich einfach hier sitzen und sterben.« Außerdem will ich nicht, dass er mich so sieht, er war zwar bei der Geburt unserer Tochter dabei, aber das hier ist echt entwürdigend.

Schließlich überredet er mich doch, stützt mich, während ich mich ins Schlafzimmer schleppe, stellt einen Eimer neben das Bett und legt das Handy auf den Nachttisch. »Wenn etwas ist, ruf mich an.«

Was soll schon sein? Mehr als jetzt ist, kann nicht sein. Ich kann mir nicht vorstellen, auch nur den Kopf zu heben, wie also sollte ich ein Handy bedienen? Außerdem ist im Geschäft die Hölle los, niemand würde ans Telefon gehen.

Die nächsten zwei Stunden stehen im Zeichen so heftiger Übelkeitsattacken, dass ich gar nicht darüber nachdenken kann, was mein Ausfall für die Einkaufshölle unter meiner Wohnung bedeutet. Ich höre nur, wie die Leitern, die an der Ladendecke hängen, also unter meinem Fußboden, heftig hin und her geschoben werden.

Unsere tolle Truppe wird das irgendwie schaffen. Und sie können sich gleich daran gewöhnen, ohne Chefin zu arbeiten, in Zukunft werden sie nämlich ohne mich auskommen müssen, denn ich werde vermutlich sterben, und keiner wird's merken, Hauptsache, der Umsatz stimmt.

Es muss gegen Mittag sein – ich dämmere so vor mich hin, den vollgespuckten Eimer immer wieder auszuwaschen ist das Anstrengendste, das ich je in meinem Leben vollbracht habe – da steht mein Mann vor mir und fasst mir besorgt an die Stirn. »Alles so weit klar da unten, wir schaffen das schon. Ich hole mir schnell was beim China-Imbiss gegenüber. Brauchst du was?«

Alleine das Wort *China-Imbiss* löst eine neue Attacke aus, und ich ziehe mir die Decke über den Kopf.

Irgendwann geht's mir besser. Also, nicht wirklich besser, aber immerhin so viel besser, dass ich meinen Oberkörper aufrichten kann und nach dem Handy auf dem Nachttisch greife. Ich schreibe meinem Hausarzt eine Nachricht auf Facebook. Er ist natürlich nicht nur mein Hausarzt, er ist ein Freund. Wir haben uns vor zwei Jahren in der Flüchtlingshilfe kennengelernt, inzwischen gehen wir regelmäßig miteinander ins Konzert und zu unseren syrischen Freunden essen. Auch unsere Wahloma haben wir zusammen im Altersheim betreut und leider auch ihren Tod begleitet. Er weiß also, wie es ist, wenn es mir richtig schlecht geht.

Ich schreibe nur: *Mir ist sooo schlecht,* und er schreibt ungerührt zurück: *Das haben jetzt fast alle, die ganze Ordination war voll letzte Woche.*

Aber mir geht's richtig schlecht. Ich muss sterben.

Wer facebooken kann, stirbt nicht.

Du bist ein böser Mensch.

Nein, ich bin Arzt. Soll ich kommen?

Du kannst eh nichts tun.

Ich könnte dir eine Spritze geben.

Nein danke, keine Spritze. Mit geht's schon viel besser.

O.k., melde dich, bevor du stirbst.

Mach ich.

Gerade als ich wieder erschöpft die Augen geschlossen habe, steht Oliver in der Tür. »Mir ist so schlecht«, stößt er hervor. Er ist ganz gelb im Gesicht, und ich weiß genau, wie es ihm geht. Gut, dass es sich bei mir etwas beruhigt hat, denn wir haben nur eine Toilette.

Oliver bezieht im kleinen Arbeitszimmer nebenan sein Krankenlager, und im Halbschlaf denke ich immer wieder an die völlig unterbesetzte Belegschaft da unten in der Buchhandlung, an diesem Großkampftag, in der wichtigsten Woche des Jahres. Morgen wird noch mehr los sein, aber man muss in kleinen Schritten denken. Dass wir am nächsten Tag wieder Bücher verkaufen, ist wohl ein Ding der Unmöglichkeit. Schon duschen würde ich nicht schaffen, mich anzuziehen auch nicht. Wie also sollte ich Menschen gegenübertreten?

Beide Chefs sind ausgefallen, da unten sind zwei Leute weniger, das komplette Chaos wird ausgebrochen sein. Wie viele KundInnen werden wir verlieren, weil es ihnen zu lange dauert? Wie viele Bücher werden nicht gefunden werden, weil niemand die Zeit hat, sie zu suchen?

Als ich wieder aufwache, ist es draußen dunkel. Ich habe immerhin drei Stunden geschlafen, ohne zu kotzen. Geweckt hat mich der hungrige Hund, der fiepend und schwanzwedelnd vor meinem Bett steht. Da muss ich jetzt wohl durch, unser Hund ist äußerst hartnäckig, wenn es um die Einhaltung der Essenszeiten geht. Zum Glück gibt es mehrere Sitzgelegenheiten auf dem Weg in die Küche, so groß ist mir unsere Wohnung noch nie vorgekommen. Die Dose mit dem Hundefutter gibt mir den Rest: Ich schaffe es gerade noch, sie zu öffnen, den Inhalt in die Schüssel zu leeren, dann bricht mein Kreislauf zusammen, und ich lege mich flach auf den Küchenboden.

Zur Freude meines Hundes, der jetzt nicht nur sein Futter bekommt, sondern auch noch auf ein lustiges neues Spiel mit Frauchen hofft.

Ich liege flach auf dem Boden, der Geruch von *Kaninchen mit Lamm und Kartoffeln*, der durch die Küche wabert, macht die Sache nicht wirklich besser. Zum Glück habe ich das Handy in die Tasche des Bademantels gesteckt, bevor ich mich auf den weiten Weg gemacht habe. Warum, weiß ich nicht, eine Gewohnheit wahrscheinlich und normalerweise eine schlechte – überall und immer das Handy dabeizuhaben. Nun ist es mein Glück. Ich rufe den Doktor an, sage nur: »Kannst du kommen?«, und meine Stimme klingt wohl nicht so gut, denn er fragt nicht nach, macht keinen blöden Witz und antwortet kurz und knapp: »Bin in fünfzehn Minuten da.«

»Okay. Oliver hat's auch erwischt.«

»Kannst du die Wohnungstür öffnen?« Eine berechtigte Frage, er ist eben doch ein praktischer Mensch, mein Doktor, und hat wohl eine Ahnung davon, wie es mir gerade geht.

»Ich liege quasi davor.«

»Mach sie auf, lass sie angelehnt und versuch, es wieder ins Bett zu schaffen. Ich bin gleich da.«

Irgendwie krieche ich bis ins Schlafzimmer. Eine Viertelstunde später steht der Arzt mit einer großen Tasche vor meinem Bett. Er hat eine Magnetkarte, mit der er alle Haustüren aufmachen kann, die Wohnungstür war angelehnt, der Hund kennt ihn und hat ihn unbehelligt ins Innere der Wohnung vorgelassen. Der Doktor holt eine Leiter aus der Abstellkammer, knüpft daran einen Plastiksack mit durchsichtiger Flüssigkeit und sticht mir eine Nadel in die Armbeuge. Dasselbe macht er im Nebenzimmer mit meinem Mann, der öffnet nur kurz die Augen und hat nicht mal die Kraft, sich zu wundern. Eine Dreiviertelstunde läuft der Doktor zwischen den zwei Krankenlagern hin und her, überprüft, ob alles richtig durchläuft, entsorgt alles wieder, füllt die Wasserschüssel vom Hund und verschwindet wie eine gute Fee. Ich schlafe tief und traumlos, und als ich am frühen Morgen meinen Mann im Badezimmer treffe, hat er wieder Farbe im Gesicht und sieht mich verwundert an. »Mir geht's gut und dir?«

»Mir auch. Alles cool.«

»Was hat der uns gegeben?«

»Keine Ahnung, aber es war gutes Zeug.«

Wir trauen dem Frieden nicht, gehen beide wieder ins Bett, aber nach einer halben Stunde sehen wir den Tatsachen ins Auge: Wir sind wieder gesund. Also gehen wir runter in den Laden, beseitigen das Chaos, das die armen KollegInnen hinterlassen haben, packen noch ein paar Kisten aus und überprüfen den gestrigen Umsatz. Er war sehr in Ordnung. Als ein paar Minuten später die MitarbeiterInnen kommen, sind sie sehr erstaunt, dass wir so fit und munter sind und alles ordentlich aufgeräumt ist. Nur zwei Kilo leichter sind wir. Aber das schadet ja nicht.

GIBT'S WAS ZU ESSEN? – LEIDER NEIN

Im Sommer denke ich manchmal an das berühmte Kinderbuch von Leo Lionni. *Frederick*. In dieser Geschichte sitzt ein Mäuserich den ganzen Sommer untätig in der Sonne, während seine Mäusekollegen Vorräte für den Winter sammeln. Sie sind einigermaßen irritiert, doch im Winter, als es draußen kalt und dunkel ist, kommt Fredericks großer Auftritt: Statt Körnern, Maiskolben und Beeren hat er Sonnenstrahlen, Wärme und schöne Geschichten gesammelt und versüßt so dem Mäusevolk die lange Winterzeit.

Auch wir könnten den Sommer über ein bisschen Vorratshaltung betreiben. Was könnte man nicht alles vorkochen, um es dann im Dezember aufzutauen! Spaghettisoße, Knödel, Eintöpfe, Suppen, Lasagne ... all das würde sich hervorragend dazu eignen, unser Leben im Dezember zu erleichtern. Doch wer denkt schon im August ans Weihnachtsgeschäft? Warum sollte man auch? Draußen ist es warm und schön, in unserer freien Zeit gehen wir an die Donau baden, fahren aufs Land oder gehen mit Freunden zum Heurigen. Was juckt uns der Winter?

Aber irgendwann ist es plötzlich da: das Weihnachtsgeschäft und die damit verbundene tägliche Frage: Wie schaffe ich es, in meiner Mittagspause eine warme Mahlzeit zu kochen, zu essen und nachher noch so viel Zeit zu haben, um eine Viertelstunde auf dem Sofa zu dösen? Gar nicht, also wird Toastbrot mit Butter gegessen, gegenüber gibt es einen passablen China-Imbiss und einen guten Libanesen, und zum Glück gibt's auch noch ein Tiefkühlfach.

Die Tochter leidet ein bisschen unter der mangelnden Fürsorge, manchmal steht sie neben mir hinter dem Ladentisch, ich bemerke sie vor lauter Menschen erst gar nicht, und sie wartet schweigend, bis sich die Kassenlade öffnet, greift rein und holt sich einen Fünfer raus. Zehn Minuten später zieht Dönergeruch durchs Geschäft.

Einmal verstärkt sie den Druck merklich, als sie mir aus der Schule eine WhatsApp schickt:

Gibt's was zu essen?

Leider nein

Okay

Ich kann es mir nicht verkneifen, mache einen Screenshot und poste den Dialog auf meiner Facebook-Seite. Binnen Minuten hat die Tochter mehrere Essenseinladungen in der unmittelbaren Nachbarschaft. Geht doch.

Einmal in der Woche geht sie nach der Schule zu einer Freundin aus ihrer Klasse essen, und am Donnerstag begleitet sie den achtjährigen Ferdinand vom Karatetraining nach Hause. Also, das macht sie, weil sie ihn sehr liebt, aber auch, weil sein Papa ein begnadeter Koch ist und immer etwas auf dem Herd stehen hat.

»Weißt du, es gibt Mütter, die backen einfach mal so einen Kuchen! Nicht, weil jemand Geburtstag hat, nicht mal, weil Wochenende ist! Man kommt von der Schule nach Hause, und dann steht da ein dicker, fetter Schokoladenkuchen. Einfach so.« Sie lacht verschmitzt, als sie mir das unter die Nase reibt, und ich rufe die besagte Mutter an. Sie ist nämlich keine Vollzeitmutter, sondern Leiterin des Innenpolitikressorts eines großen Nachrichtenmagazins.

»Sag mal, was sind das denn für Vorgaben? Kuchen am Dienstagnachmittag?«

Sie lacht entschuldigend: »Ja, das Heft kommt immer am Montag raus, da hab ich am Dienstag ein wenig Luft. Sorry!«

Viele Kekse, Schokoladentafeln und manchmal auch Kuchen werden für uns abgegeben. Hin und wieder kommt Frau Gerl mit einer Mandarine für jeden oder zwei kleinen Tütchen Maroni vom Stand an der Ecke. Höhepunkt der Keks-Flut ist jedes Jahr die Dose, die meine Freundin Silvia vorbeibringt. Vanillekipferl, Rumkugeln mit und ohne Streusel, Linzeraugen, Kokosbusserl. Die backt sie jedes Jahr zusammen mit ihrer Mama.

Ich habe keine Ahnung, wie groß die Mengen sind und wer alles in den Genuss dieser Lieferung kommt. Aber das ist mir eigentlich auch egal, Hauptsache, sie finden den Weg zu uns.

Doch dann passiert etwas Einschneidendes: Die Grünen gewinnen die Gemeinderatswahl in Wien, und Silvia wird Währinger Bezirksvorsteherin. Sie ist plötzlich so etwas wie die Bürgermeisterin einer mittelgroßen Stadt, so viele Einwohner hat unser Bezirk. Wir freuen uns natürlich für sie und für uns, doch irgendwann Anfang Dezember stellen wir uns die bange Frage: Gibt es dieses Jahr Kekse? Wird sie die Zeit finden, mit ihrer Mutter zu backen, wo sie sich doch jetzt ständig um Baustellen, Einbahnregelungen und Anwohnerparkplätze kümmern muss? Der übliche Liefertermin verstreicht. Aber dann, eine Woche später als normal, können wir aufatmen. Sie sind da: die Bezirksvorsteherinnenkekse. Köstlich wie jedes Jahr.

Von den Tausenden Leuten, die mein Buchhandlungsbuch gelesen haben, erinnern sich einige im Dezember an die wohl sehr dramatischen Weihnachtskapitel und fragen nach, ob sie uns helfen können. Im Hinterzimmer stapeln sich nun immer Kekse und Schokolade, die uns die StammkundInnen als »Nervennahrung« vorbeibringen. Das ist großartig, wahnsinnig nett und sehr willkommen. Fast noch besser ist aber, dass es manchmal auch »richtiges« Essen gibt. Meine syrischen Freundinnen verwöhnen uns mit *Makluba* und *Sheikh El Mahshi,* eine alte Dame stellt nach ihrem Einkauf eine große Papiertüte vom Metzger auf den Ladentisch. »Ich dachte, ihr braucht mal was Ordentliches zum Essen!« Drin ist ein ganzes Grillhendl, ganz frisch und noch warm vom Fleischhauer zehn Häuser weiter, inklusive Kartoffelsalat. Wir machen uns gar nicht erst die Mühe, Teller und Besteck zu holen. Ein Hendl kann man auch im Hinterzimmer mit den Fingern auseinanderreißen und den Kartoffelsalat dazu mit Kaffeelöffeln essen.

Auch der Doktor kommt wieder ins Spiel, schließlich hat er freitags frei, da kann er für den langen Samstag kochen. Das ist nicht so leicht für ihn, denn er gehört noch zur *Generation Hausmannskost,* und unsere Truppe ist das komplette Gegenteil: Vegetarisch, vegan, laktosefrei, ohne Gluten, ohne Nüsse, nicht scharf – das wären die Anforderungen, wenn alle satt werden sollen. Zum Glück hat der Doktor eine gut sortierte Buchhandlung, und so sucht er schon im November unsere Kochbuchabteilung durch. Er wird fündig und kocht für uns die Altwienerkartoffelsuppe aus *Österreich vegetarisch.* Am nächsten Tag begrüßt ihn Teresa mit den Worten: »Die Kartoffelsuppe war so gut, ich musste weinen.« Tja, jetzt wird der Doktor die Suppe wohl bis an sein Lebensende kochen müssen …

Ein bekannter Neurologe kommt gerne um kurz nach sechs und klopft zaghaft an die Tür. Wir kennen ihn, und meistens öffnen wir gerne. Der Oberarzt war einer unserer ersten Kunden, damals, als wir noch nicht viele Leute kannten, und ich erinnere mich an einen Samstagvormittag, als er freudestrahlend mit einem Päckchen Trzesniewski-Brötchen im Geschäft stand und sie uns über die wartenden Kunden hinweg reichte. »Kulturförderung«, kommentierte er damals die Aktion.

Doch heute ist der siebzehnte Dezember, ich habe seit neun Stunden gefühlt zehntausend Romane erzählt und möchte nur noch ein wenig aufräumen, um mich dann mit Nudeln und Rotwein vor den Fernseher zu legen. Ich möchte nicht mehr sprechen, nicht einmal mit dem reizenden Doktor. Natürlich lassen wir ihn rein. Natürlich helfen wir ihm, seine Weihnachtsgeschenke auszuwählen. Natürlich verpacke ich ihm alles in Geschenkpapier. Und dann fragt er: »Was macht ihr jetzt?«

»Jetzt packen wir die heute angelieferte Ware aus«, sagt Oliver.

»Und ich räume die Bücher weg, die hier rumstehen«, sage ich.

»Aber ihr müsst etwas essen!«

»Ja, wir schmieren uns ein Butterbrot, und dann arbeiten wir weiter.«

»So geht das nicht«, murmelt er, holt sein Handy aus der Tasche und bestellt ein Taxi. Zehn Minuten später sitzen wir in einem gemütlichen friulanischen Restaurant hinter dem Rathaus, der Doktor ist hier anscheinend

Stammgast und bekommt trotz hohem Weihnachtsfeier-
aufkommens einen Tisch. Wir bestellen Wasser und
Wein, Polentaschnitten und Frico con patate und als
Nachtisch Pannacotta. Nach einer knappen Stunde ist
der Italien-Kurzurlaub vorbei, der Doktor ruft, nachdem
er die Rechnung beglichen hat, wieder ein Taxi. Und
kurze Zeit später steht Oliver wieder am Auspacktisch,
und ich sortiere Taschenbücher alphabetisch ins Regal.

PAPRIKAHUHN

Andere Freunde laden uns zu sich nach Hause zum Essen ein. Am Abend. Nach neun Stunden Ladendienst
und vor Olivers Nachtschicht. Das sagen wir aber nur zu,
wenn es so gute Freunde sind, dass sie es aushalten, wenn
wir einfach kommen, nichts mitbringen, uns hinsetzen,
essen und trinken, so gut wie keine Konversation betreiben und danach wieder gehen. Warmes Zimmer, Wein,
gehaltvolles Essen und bitte nicht sprechen. Am besten
auch nicht zuhören. Wir haben solche Freunde, wenn
auch nicht viele. Solche, die wissen, dass sie von Anfang
Januar bis Ende November alles von uns haben können

– aber nichts zwischen dem ersten und dreiundzwanzigsten Dezember.

Frau Knecht lädt zum Paprikahuhn. Es ist berühmt, das Paprikahuhn von Frau Knecht, mit dicker Soße und selbst gemachten Spätzle. Zu ihr können wir getrost auch im Dezember gehen, auch nach einem Samstag, denn wir kennen uns gut und lange, können stundenlang tratschen, aber auch gut zusammen schweigen. Zwei Dinge sind an diesem Abend allerdings anders als sonst. Erstens: Oliver kommt mit, das ist außergewöhnlich, denn die Knecht ist *meine* Freundin (aber da ist ja auch noch das Paprikahuhn …). Zweitens: Wir werden *nicht* in die Küche gebracht, sondern gehen durch den langen Flur. Ich liebe die knechtsche Küchenbank, da kann man sitzen, liegen, essen, viel trinken, schreiben … ein guter

Platz für müde Menschen. Doch wir werden ins Wohnzimmer geleitet. Noch im Flur höre ich Stimmen, und die gehören definitiv nicht ihren Kindern. Die wären mir egal. Gut, sie sind auch anstrengend, so anstrengend, wie Vierzehnjähre eben sein müssen, aber ich kenne sie gut und habe sie gern, die ertrag ich auch an so einem Abend. Vierzehnjährige mit Redebedürfnis kann man gut ausblenden, sie erwarten ohnehin meist keine Antwort.

Im Wohnzimmer sitzt freudestrahlend und voller Erwartung eine der ältesten Freundinnen der Knecht, mit Mann und Kind. Das Kind ist ein schweigsamer Vierzehnjähriger, der Mann ein wortkarger Vorarlberger. Aber sie kann reden, als gäbe es kein Morgen. Ich kenne J. von diversen Lagerfeuersessions im Waldviertel. Sie ist lustig, nett, klug und empathisch, und man kann gut mit ihr in eine Decke eingewickelt am Feuer sitzen und in den Sternenhimmel schauen. Und über seine Probleme, ihre Probleme, die Probleme der Kinder, die Probleme der Knecht und vieles mehr stundenlang reden, und es ist super. Aber bitte nicht heute! Nicht an so einem Tag, an dem wir fünfhundert Bücher erzählt haben. An dem uns die Ohren klingeln und wir nicht genau wissen, ob es die Nachwehen vom Lärm des Tages sind oder der beginnende Tinnitus.

Die drei haben schon eine Flasche Prosecco intus, die Knecht serviert das Huhn, alle stürzen sich drauf, und J. redet und redet und redet. Es ist ein Wunder, dass sie sich nicht an einem Hühnerknochen verschluckt. Es fällt ihr auch nicht auf, dass Oliver und ich nie antworten. Ich weiß natürlich nicht mehr, über was sie geredet hat, wahrscheinlich war es spannend und lustig, und in den anderen elf Monaten im Jahr hätte es mich ziemlich sicher interessiert. So aber schaufeln wir das Essen in uns rein, nicken immer wieder mal mit dem Kopf, und Oliver flüchtet nach dem Essen mit seinem Bier auf den Balkon, obwohl es Minusgrade hat und er gar nicht raucht. Ich verziehe mich irgendwann aufs Sofa, verstecke mich unter der Wolldecke und schaue mit den Mädels YouTube-Videos.

Der Abend ist lange her, ich hatte inzwischen schöne Begegnungen mit J., sowohl am besagten Lagerfeuer als auch auf der letzten Silvesterparty. Doch mir wurde zugetragen, dass ich da ihre gesamte Familie mit einem schlimmen Magen-Darm-Virus angesteckt habe (die Knecht behauptet, der Sohn sei mir ewig dankbar, weil er nicht zur Oma fahren musste). Nur, damit keine Missverständnisse aufkommen: Liebe J., es war keine Rache!

Ein Jahr später war ich allein zum Paprikahuhn geladen, nicht mal die Kinder waren da. Wir saßen auf meiner geliebten Eckbank in der Küche, aßen, tranken weißen Spritzer und schwiegen. Die Reservetrainingshose der Knecht lag schon für mich bereit, und nach dem Essen zogen wir ins Schlafzimmer um: Großes Bett, großer Bildschirm, große Schüssel Erdnüsse und große Tafel Schokolade. Zwei Folgen *The Crown,* und in der Nacht hab ich geträumt, ich wär Prinzessin und es wär schon Januar.

WIE WILLST DU GEBURTSTAG FEIERN? – SCHWEIGEND

Ein paar Tage vor Weihnachten Geburtstag zu haben war immer schon blöd. Als Kind, weil du all die Geschenke innerhalb einer Woche bekommst und dann das ganze Jahr über nichts mehr. Als Jugendliche, weil die Oma dann schon ein bisschen vergesslich war und meiner Schwester zu ihrem Geburtstag im Oktober und zu Weihnachten jeweils hundert Schilling geschenkt hat. Ich hab oft nur ein Mal hundert bekommen, mit den Worten »Das ist für Geburtstag und Weihnachten zusammen.«

Aber das hab ich alles locker weggesteckt, irgendwann ist der Geburtstag auch nicht mehr so wichtig, und dann war sowieso alles vorbei, denn ich wurde Buchhändlerin. Kein Kaffee ans Bett, keine Rosen zum Frühstück, keine selbst gebackene Geburtstagtorte, kein romantisches Abendessen mit dem Liebsten und selten ein Geschenk – so sieht er aus, der Geburtstag einer Buchhändlerin, die mit einem Buchhändler verheiratet ist und unglücklicherweise im Dezember geboren wurde.

Im ersten Jahr haben wir den Geburtstag einfach vergessen. Oliver war noch in Hamburg, musste die Kündigungsfrist in seinem alten Job aussitzen, der große Sohn war bei ihm, und die kleine Tochter konnte noch keine Kalender lesen. Die Ärztefreunde, bei denen wir damals wohnten, weil unsere neue Wohnung eine Baustelle war, hatten Nachtdienst, und sonst wusste es keiner. Und ich selbst hatte es einfach vergessen, erst als mich mein Papa am späten Nachmittag anrief, fiel es mir wieder ein: Ich hatte Geburtstag. Ich sollte hochleben und mich feiern lassen. Aber niemand ließ mich hochleben, und zum Feiern war ich sowieso zu müde. Aber egal. Ich hatte eine eigene Buchhandlung. Das war ja wohl Geschenk genug.

Im Jahr darauf hatte sich alles ein bisschen eingespielt, und irgendwann in einer winzigen Pause zwischen zwei KundInnen flüsterte mein Mann mir zu: »Wie willst du deinen Geburtstag feiern?«

»Egal. Schweigend.«

»Möchtest du essen gehen?«

Ich dachte kurz nach. Essen gehen würde bedeuten, dass ich einen Abend ohne Jogginghose und alten Pulli verbringen musste. Ein schrecklicher Gedanke. Und außerdem würde unsere Kraft nicht ausreichen, den Bezirk zu verlassen, was bedeuten würde, dass wir ins nahe gelegene Restaurant gehen müssten. Was wiederum bedeuten würde, dass wir sicher mehrere unserer KundInnen treffen würden.

»Lass uns was bestellen!«

Oliver kaufte nach Ladenschluss eine gute Flasche Wein und holte viele verschiedene Sachen vom Chinesen. Wir zogen das Fernsehsofa aus, legten eine große Decke drauf, drapierten unzählige kleine Schüsseln um uns, und als wir in den Kissen lehnten und die Verfilmung von *Komm, süßer Tod* auf DVD schauten, war ich sehr müde und sehr glücklich. Ein perfekter Geburtstag!

Ein paar Jahre später: Die Buchhandlung hatten wir inzwischen von vierzig Quadratmetern auf gigantische sechzig vergrößert, und es war ein kleines Hinterzimmer dazugekommen. Seit dem Umbau kamen noch mehr Leute in den Laden, und der Umsatz stieg stetig. Das war natürlich großartig, wer würde sich auch über jährlich wachsenden Umsatz beschweren? Aber es bedeutete natürlich auch, dass wir immer mehr Bestellungen zu bewältigen hatten. Das neue Hinterzimmer war den Rest des Jahres purer Luxus, reichte im Dezember aber immer noch nicht, um all die Bestellungen in einem vernünftigen Zeitrahmen zu bewältigen. Auch wenn das Abholfach schon dreimal größer war als unterm Jahr, konnten wir die neu eintreffenden bestellten Bücher nur dann einsortieren, wenn die vom Vortag abgeholt worden waren, also erst am Abend. Alles war nach wie vor viel zu eng und zu klein. Und so begann Oliver erst nach Geschäftsschluss mit der Warenübernahme, was bedeutete, dass er in der Hochphase vor Weihnachten bis zum Morgen durchmachte. Dann löste ich ihn ab, er schlief bis Mittag, erledigte das Wichtigste im Büro, um ab achtzehn Uhr wieder seine Nachtschicht zu beginnen. Ich räumte nach Ladenschluss noch ein bisschen auf. Danach hatte ich frei, schließlich musste ich den ganzen Tag da vorne stehen und möglichst gute Laune verbreiten. Meine gute Laune ist ziemlich wichtig für die Stimmung im Geschäft.

Ich durfte also rauf in die Wohnung, mit dem Kind Abendessen, eine Waschmaschine anstellen und schließlich vor dem Fernseher dösen. Irgendwann schleppte ich mich ins Bett und versuchte einzuschlafen, was gar nicht so leicht ist, wenn die Kundenbestellungen des Tages nicht aufhören, durch den Kopf zu schwirren, und man ständig überlegt, ob man nicht irgendetwas Wichtiges vergessen hat. Also, man ist sich eigentlich sicher, irgendetwas Wichtiges vergessen zu haben, kommt nur nicht drauf, was es war.

Und wieder mal hatte ich Geburtstag. Am Abend zuvor hatte mich mein Mann kurz in den Arm genommen und gemeint: »Ich hab leider kein Geschenk für dich.«

»Macht nichts«, erwiderte ich und freute mich aufs Bett.

Am Morgen weckte mich mein Mann mit einem Becher Kaffee und einer kleinen Kerze und sagte: »Happy Birthday, mein Schatz. Es tut mir so leid. Du musst jetzt aufstehen und die Buchhandlung aufräumen, ich hab es nicht mehr geschafft.« Ich kämpfte mich aus dem warmen Bett, in das mein Mann hineinsank und in dem er augenblicklich einschlief. Dann ging ich mit meinem großen Milchkaffee die Treppe runter und betrat meine Buchhandlung, meinen Lebenstraum. Im Verkaufsraum standen sieben Kisten alphabetisch nach Kundennamen sortiert, davon passte höchstens die Hälfte in die frei gewordenen Lücken im Abholfach. Daneben waren zwei hohe Türme aus weiteren vollen Kisten gebaut. Das waren die Lagernachbestellungen, die noch in die Regale im

Geschäft sortiert werden mussten. Die Bestsellerstapeltitel nach vorne auf den großen Tisch, die Taschenbücher ins Alphabet, Kochbücher, Bilderbücher – aus allen Abteilungen war etwas dabei, und obwohl wir jeden Tag so unglaublich viel verkaufen, war das mit dem Platz nicht wirklich einfacher geworden.

Es war halb sieben, um neun würden wir aufsperren, und dann würden die ersten Kunden das Geschäft stürmen. Ich setzte mich auf die kleine rote Bank im hinteren Bereich der Buchhandlung und weinte ein bisschen. So hatte ich mir das nicht vorgestellt – der Traum von meiner kleinen, gemütlichen Buchhandlung war zum Albtraum geworden. Ein Gefühl der Ausweglosigkeit überfiel mich, wie sollten wir das schaffen? Die Geister, die ich rief, hallte es in meinem Kopf. Aber es gab kein Zurück, wie beim Bergsteigen, wo ich auch nicht in der Mitte sagen kann, jetzt hab ich keine Lust mehr, ich bleibe einfach stehen. Um acht Uhr kamen zwei Mitarbeiterinnen, Eva stand eigentlich erst für halb neun im Dienstplan, aber irgendwie hatte sie wohl gespürt, dass es gut wäre, wenn sie früher käme. Sie nahm mich kurz in den Arm, sagte, »Hey, das schaffen wir schon«, und schickte mich für eine halbe Stunde mit dem Hund spazieren. Als ich um fünf vor neun wiederkam, war das meiste weggeräumt, der Rest im Büro versteckt und die ganze Truppe anwesend. Ein kleines Geburtstagswunder. Die Kunden betraten freudig den Laden, wir begrüßten sie gut gelaunt. *I was back on stage,* bis zur Mittagspause waren es schließlich nur fünf Stunden.

Ich kann eigentlich gar nicht rechnen, habe keinerlei Bezug zu Zahlen und bin sehr stolz auf mich, wenn ich die Geburtstage meiner Kinder nicht vergesse beziehungsweise ausrechnen kann, wie alt sie werden. Aber irgendwann im Sommer muss ich mich der Realität stellen: Ich werde dieses Jahr fünfzig. Fünfzig klingt wie eine gefährliche Drohung. Fünfzig klingt nach praktischer Kurzhaarfrisur, gesunden Schuhen und Wechselbeschwerden. Ich möchte nicht fünfzig werden, aber weil mein Geburtstag ohnehin jedes Jahr ins Wasser fällt, werde ich es ja vielleicht auch gar nicht. Denke ich. Bis meine Freundin Heidi im September zu mir sagt: »Schatzi, du wirst doch heuer fünfzig.«

»Nein, werd ich nicht.«

»Wie wirst du feiern?«

»Erstens werd ich nicht fünfzig, und zweitens feiere ich wie immer. Gar nicht.«

»Du spinnst wohl! Du kannst doch nicht deinen fünfzigsten Geburtstag allein vor dem Fernseher verbringen!«

»Kannst du jetzt mal aufhören, dieses Wort ständig zu sagen?«

»Welches Wort? Fernseher? Nein echt jetzt, hör zu. Du reservierst einen Tisch in einem netten Lokal, und deine besten Freunde kommen zum Essen. Nur die allerbesten.«

»Aber ich kann an meinem Geburtstag mit niemandem reden.«

»Das ist egal. Du sollst ja nur solche Leute einladen, von denen du weißt, dass sie es verstehen, wenn du komisch bist. Also an deinem Geburtstag komisch bist, weil du so müde bist.«

Ich weiß, dass Heidi keine Ruhe geben wird, bis ich ihr ein Lokal nenne und wie viele Leute kommen werden. Also gebe ich auf und beginne, in meinem Kopf eine Liste zu machen: meine besten Freunde. Die, die ich an so einem Tag gerne um mich habe. Die, bei denen es mir egal ist, wenn ich müde und nicht gesprächig bin. Die, die mein Leben begleiten, die für mich da sind, mich aber auch wie selbstverständlich fragen, wenn sie Hilfe brauchen. Die Liste wird immer länger, denn natürlich hab ich nicht fünf beste Freunde. Bei zwanzig mache ich Schluss und reserviere einen großen Tisch in einem wunderbaren syrischen Restaurant, das als Integrationsprojekt geführt wird. Die Chefin macht mir einen großzügigen Pauschalpreis.

Und als ich dann da sitze, mittendrin in diesem Haufen bunt zusammengewürfelter Menschen, die mein Leben ausmachen, bin ich zwar müde, aber auch sehr, sehr glücklich. Es ist gar nicht so schlimm, fünfzig zu sein. Es ist auch gar nicht so schlimm, Buchhändlerin zu sein. Noch nicht mal im Dezember. Eigentlich hab ich alles richtig gemacht.

Bitte, da war ein Buch im Fernsehen. Es war grün.

Am Anfang ist es harmlos. Ein paar KundInnen zusätzlich, gut verteilt über die Stunden des Tages, jeden Tag ist ein bisschen mehr Geld in der Kasse. Die ersten Großbestellungen. Die ersten nervösen »Kommt das Buch noch rechtzeitig?«-Anfragen – was glauben die denn, es sind ja noch Wochen bis zum Heiligen Abend!

Man verkauft ein bisschen mehr Bücher als sonst, verpackt öfter mal Geschenke, erzählt ausführlicher Geschichten, aber eigentlich ist alles easy. Warum haben wir das im letzten Jahr eigentlich so schlimm gefunden? Warum erinnere ich mich so drastisch an eine totale Erschöpfung? Woher kam die? Das war sicher deshalb so schlimm, weil wir noch nicht so gut organisiert waren. Dieses Jahr wird es besser. Ganz bestimmt.

Doch plötzlich ist er da, dieser Moment. Dieser Ich-weiß-genau-was-so-schlimm-ist-Moment. Ich komme aus der Mittagspause zurück, war eine Stunde in der ruhigen Wohnung, habe lesend eine Suppe gelöffelt und zwanzig Minuten im abgedunkelten Schlafzimmer geruht. Der Wecker reißt mich aus der Tiefschlafphase, ich mache mir einen Espresso, fahre mit der Bürste durchs Haar und hoffe, dass niemand den Abdruck des Kissens in meinem Gesicht bemerkt. Ich gehe nichtsahnend durchs Treppenhaus runter in den Laden. Im Hinterzimmer treffe ich auf eine völlig gehetzt wirkende Mitarbeiterin, und als ich sie fragend anblicke, zuckt sie nur mit den Schultern. Ich trete durch die kleine Tür in den Ladenraum und pralle zurück. Der Moment ist da: Eine Wand aus Menschen versperrt den Durchgang in den vorderen Bereich. Manche blättern entspannt in Büchern, andere blicken sich nervös um, ein Mann sitzt vor den Bildbandregalen auf dem Boden und zieht wahllos Bücher raus. Und dann bemerken sie mich.

»Entschuldigen Sie, haben Sie kurz Zeit?«

»Bitte, ich brauche Hilfe!«

»Haben Sie das gelesen? Ist das gut?«

»Frau Hartlieb! Gut, dass Sie da sind, ich will mich nur von *Ihnen* beraten lassen.«

Einen hindere ich gerade noch daran, ins Hinterzimmer zu stürmen: »Ich will nur meine Bestellung abholen.« Irgendwo im Gewühl sehe ich meine MitarbeiterInnen in vollem Einsatz und kann nicht zu ihnen durch, so voll ist es.

Natürlich weiß ich, dass dieser Anblick keiner zum Jammern ist. Es ist für jede Buchhändlerin das allergrößte Glück, so viele KundInnen gleichzeitig im Geschäft zu haben, schließlich ist das nicht selbstverständlich in Zeiten des Internets. Aber es sind so viele! Und sie zupfen und zerren an uns und wollen das perfekte Geschenk für Mann / Frau / Tochter / Schwiegerpapa. Wir sollen uns etwas überlegen, es finden, ihnen jegliche Entscheidung abnehmen und alles hübsch verpacken. Bitte.

Wie sehr würden wir weinen, wäre der Laden im Dezember leer. Nein, wir würden nicht weinen, denn wenn der Laden im Dezember leer wäre, würde es uns gar nicht geben. Keine einzige Buchhandlung würde es geben, wenn plötzlich jemand auf die Idee käme, Weihnachten abzuschaffen. Oder die Geschenke zu Weihnachten.

Nachdem ich ja nicht rechnen kann und keinerlei Verständnis für Zahlen habe, erklärt mein Mann mir das Ganze auf die simple Art: »Die ersten elf Monate des Jahres verdienen wir unsere Kosten: Miete, Betriebskosten, Transport, Versicherung, Kreditrückzahlung, Lohnkosten. Im Dezember verdienen wir unser Gehalt.«

»Aber wir nehmen uns doch jeden Monat was zum Leben raus.«

»Ja eh, das müssen wir auch. Aber im Dezember wissen wir erst, ob wir das auch wirklich verdient haben.«

Mein Mann liebt Rechenspiele, und Anfang Dezember rechnet er aus, wie viele Bücher wir bis zum vierundzwanzigsten Dezember noch über die Scannerkasse ziehen werden. Es ist eine schier unglaubliche Zahl. Quasi der gesamte Inhalt der Buchhandlung muss noch einmal verkauft werden. Wenn man sich das klarmacht, versteht man unser größtes Problem, nämlich der mangelnde Platz und die Logistik.

Wir haben ein Geschäft voller Bücher, von denen wir in der Adventzeit Unmengen nachbestellen, und das täglich, weil wir ja keinen Lagerplatz haben. Das heißt, einzelne Taschenbücher, Reclamhefte, Reiseführer, Bilderbücher werden täglich verkauft, täglich wieder bestellt und am nächsten Tag angeliefert. Sie werden in der Nacht übernommen, das heißt, von einem Transportunternehmen angeliefert, aus den Kisten geholt, mit dem richtigen Preisetikett versehen, ins Warenwirtschaftssystem eingespeist und in den frühen Morgenstunden in den Regalen verstaut. Und wieder verkauft. Und wieder nachbestellt. Und so weiter. Man muss nur den richtigen Zeitpunkt einschätzen, um das Spiel zu stoppen, denn alles, was nach dem vierundzwanzigsten Dezember noch da ist, kommt in die Inventur, und das ist nicht gut. Von den gut verkäuflichen Titeln bestellen wir inzwischen riesige Mengen nach – Bücher, die im Sommer erschienen sind und bei denen wir noch im September überlegt haben, ob wir wirklich noch mal fünf bestellen sollen, werden plötzlich zur heiß gehandelten Ware, von der wir so viel bestellen, wie wir bekommen und unterbringen können. Die Nachbestellung erfolgt mittels hysterischem Anruf beim Vertreter: »Wir brauchen unbedingt bis morgen noch mal fünfzig Leky!« Die besagte »Leky« heißt mit vollem Namen Mariana Leky, und ihr Buch hat natürlich auch einen Titel. Aber der ist sehr

lang, und dem Vertreter reicht das Wort »Leky«, um zu wissen, worum es geht. Das Buch ist nicht etwa eines von diesen gehypten Bestsellerbüchern, es ist ein stiller, etwas versponnener Roman, der schwierig zu verkaufen ist. Man kann die Geschichte keinesfalls nacherzählen, niemand würde das Buch danach kaufen. Als es im Sommer erschienen ist, haben wir uns gegenseitig angesteckt, wie so oft. Die eine hat es gelesen, fand die richtigen Worte, dann lasen es noch ein paar KollegInnen und fanden es auch so schön. Es kamen die ersten KundInnen, denen man es empfohlen hatte, nach drei Tagen wieder, sagten mit verklärtem Blick: »Ich will wieder so etwas, genau so etwas«, kauften es noch mal für eine Freundin … Und schon hast du einen Bestseller erschaffen. Einen, den vorher keiner kannte. Keine Ferrante, keinen Meyerhoff, Menasse oder Kehlmann, nein, eine unbekannte Autorin aus Berlin, die sich eine Geschichte über ein seltsames kleines Dorf im Westerwald ausgedacht hat. Es ist verrückt, aber es sind genau diese Bücher, diese Überraschungen, für die wir unseren Job lieben. Die Unvorhersehbarkeit, dass wir plötzlich von einem Buch, von dem wir im September noch nicht wussten, ob wir den kleinen Stapel überhaupt schaffen, im Dezember in ein paar Tagen dreißig oder fünfzig Stück verkaufen können.

Bücher, über die man eine gute Geschichte erzählen kann, haben es noch leichter, mitgenommen zu werden. Da ist es außerdem von Vorteil, dass der Laden so klein und immer voller Menschen ist. So hören meistens mehrere Leute zu, wenn man einen Roman erzählt. Und nachdem bekanntlich nichts mehr reizt als die Verknappung, nehme ich das Buch oft dabei in die Hand, tue so, als wäre es das allerletzte Exemplar. Wenn es dann auf den Stapel der Kundin wandert, dauert es keine halbe Minute, bis irgendwer fragt: »Haben sie das noch mal? Ich will das auch.«

Wir können natürlich nicht alles lesen, was die Verlage so anliefern, aber wir bemühen uns. Nachdem wir inzwischen recht viele sind und alle MitarbeiterInnen unterschiedliche Geschmäcker pflegen, schaffen wir es, einen guten Querschnitt abzudecken. Oft reicht es ohnehin, wenn man sagt, das hat die Kollegin gelesen und findet es toll. Oberstes Credo dabei: niemals lügen. Also gut: niemals so richtig lügen. Nur manchmal ein wenig flunkern. Und was wir inzwischen gelernt haben: sich niemals nur auf die ersten zwanzig Seiten verlassen. Man kann nicht jedes Buch ganz durchlesen, aber man sollte zumindest von weiter hinten noch ein paar Seiten überfliegen und den Schluss lesen. Denn so manche Geschichte entpuppt sich, nachdem es auf den ersten Seiten ein harmloses Familienepos mimt, als deftiger Schwulenroman. Hin und wieder sterben in einer anfänglich lustigen Geschichte am Schluss alle Beteiligten, und du verkaufst das Buch seit Wochen als heitere Lektüre an konservative alte Damen. Immerhin kam bisher keine zurück und hat sich beschwert. Vielleicht sind ältere konservative Damen ja doch flexibler, als wir denken …

Im Gegensatz zu Bestsellerromanen haben wir viele teure Kochbücher nicht im Stapel liegen, sie stehen einzeln im Regal und werden bei Bedarf nachbestellt.

Ich zeige Frau L. ein aufwendig gestaltetes Kochbuch, erzähle ihr, wie viele Rezepte ich bereits erfolgreich nachgekocht habe. Auch die Fotos sind sensationell. Hinter Frau L. steht der beleibte Primar und späht neugierig über ihre Schulter. »Das brauch ich auch«, meint er lakonisch. Doch wir haben den zweiundzwanzigsten Dezem-

ber und bis zum Tag X kommt keine Bestellung mehr an. Hatte sie vor fünf Minuten noch gezögert, das teure Buch zu kaufen, ist Frau L. angesichts der Konkurrenz nun wild entschlossen, nicht ohne dieses Kochbuch die Buchhandlung zu verlassen. Der Herr Primar versucht mit allen Mitteln, sie davon abzubringen. Zuerst mit Charme. Dann bietet er an, zehn Euro mehr zu bezahlen. Darauf gehe ich natürlich nicht ein, und auch Frau L. bleibt unerbittlich. Als ich vorschlage, dass sie das

Buch gemeinsam kaufen könnten, ist er begeistert und will sie auf einen Kaffee einladen. Frau L. wird ein bisschen rot, schwankt kurz und zieht sich mit einem reizenden Lächeln aus der Affäre: »Meine vier Kinder sind alleine zu Hause, ich muss leider los.«

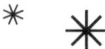

Natürlich kommen auch zu Weihnachten immer wieder Menschen, denen es nicht reicht, wenn man ihnen ein Buch in die Hand drückt und sagt: »Nehmen Sie das. Das ist eine tolle Geschichte.« Sie kommen mit ganz genauen Vorstellungen, und auch, wenn sie keine Ahnung haben, ob es überhaupt ein Buch gibt, das diesen Vorstellungen entspricht, insistieren sie so lange, bis wir am liebsten eines erfinden würden. Das sind selten unsere StammkundInnen, denn die vertrauen uns mittlerweile blind. Warum sollten unsere Empfehlungen, die das ganze Jahr über gepasst haben, nicht auch für die Lieben unterm Weihnachtsbaum gut genug sein?

Andere wissen wie gesagt sehr konkret, wie ihr Geschenk sein soll. Das hört sich dann so an: »Ich suche einen Abenteuerroman für einen Fünfzehnjährigen. Aber wertkonservativ.« Was soll das sein, ein wertkonservativer Abenteuerroman? Und: Welcher Fünfzehnjährige würde ihn lesen wollen? Zum Glück werde nicht ich mit diesem Wunsch konfrontiert, ich wäre so sprachlos gewesen, mir wäre kein einziger Buchtitel eingefallen, weder Abenteuer noch wertkonservativ. Peter ist der richtige Verkäufer für solche Anfragen, er wirkt nach außen hin sehr wertkonservativ – schließlich hat er Theologie studiert. Aus dem Augenwinkel sehe ich, wie Peter sich mit *Moby Dick,* Stefan Zweig und Dostojewski eindeckt, einmal tief Luft holt und den Kunden freundlich anlächelt.

Aber ein paar Stunden später bekomme auch ich es ab: »Ein intelligentes Sachbuch für eine sehr gebildete Dame, aber bloß nichts Linkes.« Es ist zehn nach sechs, ich habe neun Stunden im Laden gestanden, na gut, acht Stunden, ich hatte eine Stunde Mittagspause. Fast beginne ich zu weinen, stammle etwas von »wir haben schon zu« und ich hätte einen wichtigen Termin. Aber der Herr lässt sich nicht beirren. »Sie haben mir letztes Jahr so etwas Tolles für diese Dame empfohlen, können Sie sich nicht mehr erinnern?« Äh, leider nein. Mir fällt nichts ein. Geschichte, irgendetwas Unverfängliches, dieses wunderbare Buch über die Donau vielleicht? Die Donau ist schließlich nicht politisch, oder? Aber langweilig, findet der Herr. Ein neues Buch über die Renaissance? Viel zu dick und zu teuer. Soll ja nur eine kleine Aufmerksamkeit sein. Die Karten der verschwundenen Welten? So ein Humbug. Meine Kollegin, die, die noch übrig geblieben ist, weil sie die Kassenabrechnung machen muss, feixt im Hintergrund und ist sichtlich neugierig, wie ich aus der Nummer wieder rauskomme. Nichts Linkes! Ich, die ich in meiner Jugend aktives Mitglied in einem trotzkistischen Studentenverein war, die bei einer linken Monatszeitung schreiben gelernt hat, die so engagiert im letzten Bundespräsidentenwahlkampf war, dass mich sogar KundInnen auf der Straße angesprochen haben. Warum muss ich das jetzt tun? Wer holt mich hier raus? Schließlich drücke ich ihm das dicke Buch *In Europa* des niederländischen Schriftstellers Geert Mak in die Hand. Eines meiner Lieblingssachbücher. Ein Buch, in dem man stundenlang lesen kann, sich wunderbar unterhält und dabei auch noch viel lernt. Er nimmt es skeptisch entgegen, anscheinend spürt er jetzt doch, dass ich einfach nicht mehr kann. Als Geschenk muss ich es noch verpacken, schließlich ist nur ein verpacktes Buch ein gutes Buch, und als ich hinter ihm endlich den Laden abschließe, hab ich das Gefühl, dass diese Geschichte noch nicht zu Ende ist. Und tatsächlich: Obwohl ich am nächsten Tag den Luxus der späten Anfangszeit habe, also erst um zehn Uhr den Laden betrete, ist er mein erster Kunde! Er legt mir das Europa-Buch auf den Ladentisch: »Das ist leider das komplett falsche Buch. Das passt überhaupt nicht.« Das Geschenkpapier wurde entfernt, nicht aber die Plastikfolie, wie also konnte er sehen, was er gestern nicht gesehen hat? Anna spürt wohl meine Verzweiflung, schiebt sich zwischen mich und den Herrn und erfindet ein wichtiges Telefonat für mich im Hinterzimmer.

Obwohl wir ständig diesen Seiltanz zwischen ausführlicher Beratung und nicht allzu langen Menschenschlangen bewältigen und die meisten Leute geduldig warten, bis sie an der Reihe sind, gibt es natürlich immer wieder auch welche, denen es nicht schnell genug geht, die glauben, jemand anderer würde bevorzugt behandelt werden. Das sind meistens jene, die, wenn sie zu einer der MitarbeiterInnen vorgedrungen sind, die anderen Menschen völlig ausblenden und ewig brauchen, um ihre Wünsche zu formulieren oder den Notizzettel aus der riesigen Handtasche zu kramen. Wir haben inzwischen richtige Antennen für die »Unrunden« entwickelt, man spürt es förmlich, wenn jemand im Raum ist, der schlechte Laune versprüht, da muss meistens nicht mal ein Wort fallen. Es reicht eine hochgezogene Augenbraue, ein nervöses Wippen von einem Bein aufs andere, ein vernehmliches Seufzen. Ich versuche gerade, drei Menschen, die alle ein Buch für ihre jeweilige Schwiegermutter kaufen wollen, in eine sinnvolle Gruppe zusammenzufassen, damit ich nicht alles dreimal erzählen muss, als ich aus dem Augenwinkel bemerke, wie sich eine ältere Dame in teurem Pelz vor Lena aufbaut.

»Ich hätte gerne die drei Bücher, die gestern beim Scobel besprochen worden sind.«

Lena schaut sie kurz fragend an, ich kann förmlich riechen, wie sich ein Konflikt aufbaut, obwohl ich am anderen Ende des Raumes stehe. Lena googelt bereits den Namen Scobel, ich sehe an ihrem Gesichtsausdruck, dass sie nicht genau weiß, wie man das schreibt. Die

Kundin steht ganz nah neben ihr und sieht sie skeptisch an. »Sie wissen das nicht? Das müssen Sie doch wissen, was da für Bücher besprochen worden sind.«

»Nein, ich weiß es leider nicht. Aber warten Sie kurz, ich suche schon. Wissen Sie auf welchem Programm diese Sendung läuft?«

»Nein, das weiß ich nicht! Aber Sie müssen es wissen. Sie arbeiten schließlich hier.«

»Aber es gibt viele Literatursendungen.«

»Blödsinn. Gibt es nicht. Sie müssen das wissen oder zumindest eine Liste haben.«

»Nein, wir haben keine Liste aller Literatursendungen.« Lena wirkt ein wenig nervös, ich würde ihr gerne helfen, kann aber nicht weg. Und es wäre wohl auch nicht gut, wenn ich mich als Chefin da einmischen würde.

»Ich habe gar keinen Fernseher zu Hause«, fügt sie leise hinzu.

»Das ist eine Frechheit! Dann ist das wohl der falsche Arbeitsplatz für Sie, wenn Sie so dermaßen uninformiert sind.«

»Warten Sie, ich hab's ja gleich.«

»Das ist mir jetzt aber wirklich zu blöd. Ich habe nicht so lange Zeit, dann bestelle ich mir das halt im Internet. Und ich werde mich über Sie beschweren.«

Sagt's und rauscht wie eine Königin aus dem Laden, zurück bleibt meine arme Mitarbeiterin, die die drei Bücher inzwischen gefunden hat. Und natürlich haben wir sie lagernd. Doch zu spät. Die Dame ist weg, der Kunde ist König, und ich kämpfe mich zu Lena durch, schicke sie auf Rauchpause in den Hof, was sie gerne annimmt, obwohl sie gar nicht raucht.

Helmut ist Moderator beim Radio und Kunde der ersten Stunde. Eine Woche vor Weihnachten kommt er mit seiner Liste, drückt sie mir in die Hand und verschwindet wieder. Er weiß, dass er sich auf uns verlassen kann, wir werden alles rechtzeitig beschaffen. Er wiegt sich dermaßen in Sicherheit, dass er erst am Vormittag des vierundzwanzigsten Dezembers völlig entspannt in den Laden schlendert, um seine Weihnachtsgeschenke abzuholen. Ich bücke mich zum Abholfach, suche den Buchstaben J und erstarre. Es ist kein einziges Buch für ihn zurückgestellt. Nichts. Am liebsten würde ich nie wieder hinter dem Tresen hervorkommen, aber es hilft ja nichts, ich drehe mich um, sage erst mal gar nichts und rufe mir im PC die Kundendatei auf. Er hatte vier Bücher bestellt. Eines ist vergriffen, das andere im Nachdruck und die letzten zwei wegen der großen Nachfrage nicht lieferbar. Was bedeutet, es ist der vierundzwanzigste Dezember, und kein einziges seiner bestellten Bücher ist da. Ich versuche, ihm zu erklären, warum so etwas passieren kann und warum wir es in der letzten Woche vor Weihnachten nicht schaffen, die KundInnen zu verständigen, wenn ihre Bücher *nicht* da sind. Für angelieferte Ware gibt es eine automatische Mail oder SMS, aber wenn nichts kommt, dann wird auch nicht verständigt. Unterm Jahr haben wir so etwas meistens im Kopf, rufen die Leute an, um zu erklären, dass es ein bisschen länger dauert, aber bei mehreren Hundert Bestellungen am Tag verlieren wir leider den Überblick. Nun steht er also da, der ansonsten so nette Helmut mit der schönen Radiostimme und beginnt, mich zu beschimpfen. Will natürlich keine Erklärung, denn es ist ihm völlig egal, *warum* er nun kein einziges Weihnachtsgeschenk hat. In eineinhalb Stunden schließen alle Läden, und er hat nichts. Wenn man unsere Ladentür zuknallen könnte, hätten jetzt wohl die Wände gezittert.

Zwei Tage später, als alles vorbei ist und ich in unserem Wochenendhaus am späten Vormittag im Bett liege, klingelt mein Handy. *Helmut J.* steht auf dem Display, und ich überlege lange, ob ich das Gespräch annehmen soll. Also gut, ich bin schließlich nicht feig. Auf mein vorsichtiges »Ja?« folgt eine ausufernde Entschuldigung. Es täte ihm so leid, dass er so ausgerastet sei, und er wisse auch, dass das nicht unsere Schuld sei, er hätte ja mal ein paar Tage vorher nachfragen können, und es wäre überhaupt ein scheiß Tag gewesen, und das hätte ihm den Rest gegeben. Ich lasse ihn reden, entschuldige mich auch noch mal wortreich und bin total gerührt.

Interessant wird es, wenn unfreundliche Gelegenheits-
käuferInnen auf StammkundInnen oder Fans stoßen.
Wenn ich mich abkanzeln lassen muss, weil die zehn
Apulienreiseführer, die wir lagernd haben, »wirklich ent-
täuschend« sind, und dahinter jemand steht, der mich
mit leuchtenden Augen bittet, ein von mir geschriebenes
Buch zu signieren. Meine Heldin bleibt die beherzte ältere Dame, die einen Herrn, der mir erklärt, was für ein
Saftladen wir sind, weil wir das gesuchte Neurologie-
fachbuch nicht lagernd haben, zurechtweist, mit den
Worten: »Wissen Sie eigentlich, wen Sie da vor sich haben? Das ist DIE Frau Hartlieb!«

Auch wenn es seltsam klingt – wir lieben die KundInnen, die genau wissen, was sie wollen, aber nicht wissen,
wie es heißt. »Bitte, da war ein Buch im Fernsehen. Von
so einem Arzt. Es war grün.« ... »Nein, ich weiß nicht,
wie der heißt.« ... »Nein, ich weiß auch nicht mehr, auf
welchem Sender. Aber es ist ganz neu, das haben Sie sicher?« Man muss nur richtig nachfragen, dann bekommt
man noch mehr Informationen, und zum Glück gibt es
ja diverse Suchmaschinen im Internet.

Wir finden alles raus und lieben diese Herausforde-
rungen, denn damit kann man KundInnen wirklich beeindrucken. Bücher vom Stapel verkaufen kann schließlich jeder. Natürlich kriegen wir raus, welcher Arzt im

BITTE,
DA WAR EIN
BUCH IM
FERNSEHEN.
VON SO EINEM
ARZT. ES
WAR GRÜN.

Fernsehen war, eine Kollegin weiß sogar, dass die Äpfelplückerin eine *Obstdiebin* sein soll und von Peter Handke ist, und auch wenn unser Freund und Nachbar, der Schriftsteller Radek Knapp, plötzlich Rademund Knaus heißt, lassen wir uns nicht in die Irre führen.

✳

Der Herr Kammersänger plant einen Liederabend und ist wie immer spät dran, aber wir machen das schon. »Ich brauch Gedichte von Heine und Rilke. Aber es muss unbedingt das Gedicht drin sein, das auf Heines Grabstein in Paris steht.«

Das ist leicht, schließlich hätte er auch nach einem Vers fragen können, den Heinrich Heine in der Nacht des zweiundzwanzigsten Dezembers 1822 seiner unglücklichen Liebe Amalie zugeflüstert hat.

Meine Kollegen amüsieren sich immer über die Menschen, die nach den neuen Büchern der Hartlieb fragen, wenn ich direkt danebenstehe. Oder die mich sogar selbst fragen: »Was hat denn die Hartlieb Neues?« Manchmal kommt auch noch die Nachfrage: »Ist das denn gut? Können Sie das empfehlen?« Ab und zu erlaube ich mir den Spaß und gebe mich nicht zu erkennen. »Ich glaube, es ist nicht schlecht«, sage ich dann, und die KollegInnen kichern neben mir.

Manche behaupten steif und fest, ich hätte ein ganz bestimmtes Buch im Fernsehen vorgestellt, sie wüssten es ganz genau. Ich kann mich nicht erinnern, ja, ich bin sicher, ich habe das angeblich besprochene Buch noch nicht mal gelesen. Natürlich fahnde ich dann nach diesem Buch, versuche rauszufinden, was ich denn da empfohlen haben soll, auch wenn die Menschen Schlange stehen, so etwas lässt mir keine Ruhe. Und des Rätsels Lösung ist ganz einfach: Es gibt noch eine zweite Wiener Buchhändlerin, die im Fernsehen Bücher vorstellt. Sie ist um sieben Uhr morgens dran, ich am Abend. Anderer Sender, andere Buchhandlung, zehn Jahre älter als ich, und ähnlich sehen wir uns auch nicht. Aber damit kann ich leben, ihre Tipps sind gut, und wir haben die Bücher ohnehin meist lagernd.

Dass die Zeit vergeht, merken wir besonders an unseren Kunden. Die kleinen Babys, die ihre ersten Kinderwagen- und Badewannenbücher bei uns bekommen haben, sind nun größer als ich, haben Pickel im Gesicht und treten meist im Rudel auf, um Reclamhefte oder Formelsammlungen zu erstehen. Manchmal kommen sie auch alleine, nicken uns schüchtern zu und verschwinden in unserer kleinen Jugendbuchabteilung. Ich muss zugeben, das finden wir ziemlich gut. Ich weiß, wie schwierig es ist, eine Tür aufzumachen, zu grüßen, eventuell sogar angesprochen zu werden und dann beim Bezahlen auch noch herzuzeigen, was man sich ausgesucht hat. Klingt ganz einfach, doch wenn man vierzehn ist, ist das eine schier nicht zu bewältigende Aufgabe.

Aber es geht noch mutiger: »Sie kennen unsere Mama!«

Das war keine Frage, sondern eine Feststellung.

»Ja?«

»Wir sind Max und Julius, und wir brauchen ein Weihnachtsgeschenk für unsere Mama und unseren Papa. Können Sie uns helfen?«

Ich krame in meinem Gedächtnis, und tatsächlich kenne ich sie. Wir waren sogar ein paarmal bei ihnen eingeladen, unsere Kinder sind ungefähr im gleichen Alter. Die beiden Jungs hätte ich nicht wiedererkannt. Ich erinnere mich an zwei wilde Buben, die ständig irgendwelche Unfälle gebaut haben. Als Max mit dem Laufrad die Treppe runterfuhr und Julius auf der Geburtstagsparty die anderen Kinder in den Pool schubste, war unser Mädchen fassungslos. Nun stehen sie vor mir, brav und ordentlich, und wollen meine Hilfe, weil sie keine Ahnung haben, was ihre Eltern gerne lesen. Ein Foto der beiden, wie sie da so höflich und bemüht zuhören und genau abwägen, was das Richtige ist, wäre wohl das schönste Geschenk für die Mama, denke ich kurz und erzähle ihnen ein paar Geschichten. Als sie sich entschieden haben und ich anbiete, die Bücher gleich zu verpacken, strahlen sie mich an, als hätte ich ihnen ein Jahr Matheunterricht erlassen. Während ich dabei bin, das Geschenkpapier um das Buch zu wickeln, sagt einer der beiden – ich glaube, es ist Max, der Jüngere – ganz leise: »Wir haben früher manchmal Pixibücher geklaut. Von draußen. Es tut uns leid. Also wirklich sehr leid.«

Die groß gewordenen Kinder sind das eine, woran wir merken, dass es uns schon sehr lange gibt. Das andere sind die vielen älteren Herrschaften, deren Altwerden wir im Laufe der Jahre beobachten. So bemerken wir irgendwann im Trubel, dass Frau K. jeden dritten Tag dasselbe Buch bestellt. Ein ausgefallener Bildband über die Wachau, und immer holt sie ihn ab und erklärt uns ganz stolz, dass dies ein perfektes Buch für ihre Schwiegertochter wäre. Und irgendwann kommt sie dann einfach nicht mehr, wir nehmen die drei übrig gebliebenen Wachau-Bildbände ans Lager und hoffen, dass es noch andere Schwiegertöchter gibt, die diese Gegend mögen.

Auch Frau F. kommt irgendwann nicht mehr, sie war hundertundeins, als sie schließlich ins Altersheim ziehen musste. Ihre Weihnachtseinkäufe für die fünfzehn Urenkel hat sie jahrelang mit einer Liste erledigt. Ich bekam die Namen und das Alter, sie wusste zu jedem der Kinder eine kleine Anekdote, und ich durfte die Bücher aussuchen. Dann besuchte ich sie zu Hause, wir tranken Tee aus kleinen, zarten Blümchentassen und aßen Vanillekipferl, wobei sie sich wortreich entschuldigte, dass sie die Kipferl nicht mehr selbst gebacken hatte. Frau F. konnte ihre Urenkel noch einmal beschenken, im Februar rief mich ihre Enkeltochter an und erzählte mir, dass Frau F. friedlich eingeschlafen sei.

Herr E. holt seine Bestellungen ab. Er hat geduldig in der Schlange gestanden, hat sich nicht vorgedrängt und auch nicht beschwert. Das war für ihn bestimmt gar nicht so einfach, denn Herr E. war mal ein wichtiger Mann, einer, der es nicht gewohnt ist, dass er nicht sofort drankommt, dass er warten muss. Nun ist er also endlich an der Reihe, Barbara sucht ihm die gewünschten Bücher, bestellt ein paar weitere und wirft routinemäßig einen Blick ins Abholfach. »Da steht noch ein Buch für Ihre Frau«, sagt sie freundlich und legt es vor ihm auf den Tisch. »Meine Frau gibt es nicht mehr«, sagt Herr E. knapp und wendet sich ab. Barbara erstarrt, ich merke, wie ihre Schultern zucken, und dann sehe ich die Tränen, die lautlos über ihr Gesicht laufen. Herr E. dreht sich wieder zu ihr, die beiden schauen sich an, es wirkt, als würde alles stillstehen im Raum, als wären all die Menschen, die auf der Suche nach dem perfekten Geschenk sind, plötzlich nicht mehr da. Barbara weint, Herr E. nickt uns kurz zu und verlässt den Laden. Barbie wirft mir einen Blick zu und verschwindet im Hinterzimmer. Als ich es endlich schaffe, mich vorne loszueisen, gehe ich ins Büro, und da sitzt sie und weint sich die Seele aus dem Leib. Weint, weil Frau E. gestorben ist, obwohl die immer unfreundlich und herrisch zu uns war, und ich weiß, sie weint eigentlich nicht um Frau E., sondern um ihre todkranke Freundin. Ich nehme sie kurz in den Arm, und nach fünf Minuten ist sie wieder da. *The show must go on.*

Wenn wir am Abend pünktlich um achtzehn Uhr die Ladentür zusperren, rufen wir den Umsatz auf, und Oliver kann aus dem Kassenprotokoll spannende Dinge rauslesen. Wie viele Bücher wir verkauft haben. Wie viele wir bestellt haben. Wie viele Kunden zumindest ein Buch gekauft haben. Das sind in der letzten Woche vor dem Heiligabend immerhin zwischen fünfhundert und siebenhundert. Ich meine, siebenhundert Menschen auf sechzig Quadratmetern. Und von denen sind sechshundertneunzig lustig, freundlich und nett.

Die echten Highlights sind die Freunde, die irgendwann einmal auch nur Kunden waren, ihre gesamten Weihnachtsgeschenke bei uns kaufen, noch nie nach einem Rabatt gefragt haben und uns ihre Hilfe geradezu aufdrängen.

Wie die Juristin, die sich einen Tag freigenommen hat, um ihre Weihnachtseinkäufe zu erledigen, und spontan ihre Hilfe anbietet, als sie sieht, wie wir im Stress untergehen. Ich schicke sie auf die Bank zum Wechselgeld holen, und danach steht sie im Hinterzimmer und verpackt zweiundvierzig Bücher in weißes Seidenpapier, inklusive Schleifchen. Das wäre ein Teil meiner Nachtschicht gewesen: die Bestellung eines Kardiologen, Weihnachtsgeschenke für seine Mitarbeiterinnen. Erst als die Kisten abholbereit im Hinterzimmer stehen, wird mir bewusst, dass unsere Helferin den Kardiologen wahrscheinlich kennt, waren ihr Mann und er doch mal Kollegen im selben Spital.

WER DENKT SCHON AN MORGEN? LET'S PARTY!

Feste sind wichtig für das Gruppenzusammengehörigkeitsgefühl. Darum machen viele Firmen im Sommer Betriebsausflüge und im Winter Weihnachtsfeiern.

Einen Betriebsausflug haben wir noch nie geschafft, einmal sind wir alle zusammen ins Theater gegangen, zu einem Kabarettisten, das war schön, aber nicht so aufregend, weil der bei uns um die Ecke wohnt und seine Einlagen ohnehin ständig in der Buchhandlung zum Besten gibt.

In der Adventzeit wäre so ein Ausflug undenkbar. Unsere Angestellten würden uns auslachen, wenn wir vorschlügen, im Dezember gemeinsam in ein schönes Restaurant zu gehen, gemütlich zu essen und viel zu trinken.

Und doch schaffen wir es, in der letzten Woche so etwas wie eine Weihnachtsfeier zu veranstalten. Wir versuchen, die KundInnen halbwegs pünktlich aus dem Geschäft zu jagen, dann werden ein paar Buchhandelswannen umgedreht, das vorgekühlte Bier von der Terrasse geholt und Chips und Erdnüsse in Schüsseln geleert. Die MitarbeiterInnen aus der Filiale in der Porzellangasse stoßen dazu, die Kollegin, die ihren freien Tag hat, kommt selbstverständlich auch. Und da sitzen wir dann, müde und erschöpft, total aufgekratzt und glücklich, weil es nur noch ein paar Tage sind, die wir durchhalten müssen. Jede hat Redezeit, erzählt die schönsten Anekdoten, die besten Sprüche, die Geschichten von den schwierigsten Kunden. Jeder versucht, den anderen zu übertreffen, mit dem teuersten Buch, das er/sie in der Woche verkauft hat. Oliver referiert die neuesten Umsatzzahlen im Vergleich zu den letzten drei Jahren und spornt uns noch mal ein wenig an. Alle sind nett zueinander und erzählen sich gegenseitig, wie toll sie sich finden.

Unsere syrische Mitarbeiterin kommt mit einem riesigen Geschenk. Es ist ein über ein Meter großer Holzbrunnen, mit einem Dach und einem kleinen Eimer zum rauf- und runterziehen, den sie mit ihrem Mann und einem Freund in ihrer Zweizimmerwohnung getischlert hat. Sie hat ihn mit Weihnachtsdekoration geschmückt und ein kleines Schild daran befestigt, auf dem »Ghalia & Petra« steht. Ich traue mich nicht nachzufragen, ob ein Brunnen in der arabischen Welt ein Symbol ist. Für Glück, Reichtum oder Freundschaft? Klar ist, dass das Ungetüm im nächsten Jahr in das weihnachtliche Schaufenster kommt, ganz egal, was es bedeutet, und ganz egal, ob die Leute uns fragen, was denn ein Brunnen im Advent soll.

Zwei Stunden später ist der Spuk vorbei, alle gehen erschöpft nach Hause, ich bringe die leeren Flaschen zum Container und kehre die Chipskrümel auf, Oliver beginnt seine Nachtschicht und packt noch ein paar Kisten aus. Ach, wie liebe ich diese Truppe!

Vor ein paar Jahren haben wir uns durchgerungen und eine richtige Weihnachtsfeier gemacht. Im Mai. Unser Freund Georg vom benachbarten Restaurant hatte schon den Sommergarten in Betrieb, und wir haben einen langen Tisch im Freien reserviert.

»Georg, wir machen unsere Weihnachtsfeier bei dir«, haben wir gesagt, er hat sich nicht mal gewundert, denn er kennt uns gut genug und weiß, wie wir in der Weihnachtszeit so drauf sind. Es ist ein lauer Frühlingsabend, und Georg hat den Tisch mit Kerzen und Tannenzweigen dekoriert. Man kann sich auch im Mai Weihnachtsanekdoten erzählen, eigentlich sogar besser, denn das vergangene Weihnachtsgeschäft ist bereits verblasst und das nächste noch ganz weit weg. Georg lässt es sich nicht nehmen, uns auf die Getränke einzuladen, was bedeutet, dass der Abend mit vielen Gin Tonics endet. Irgendwann wanken wir nach Hause und sind sehr froh, dass nicht wirklich Weihnachten ist, denn wenn Oliver jetzt noch auspacken müsste, wäre wohl morgen kein einziges Buch im Abholfach richtig eingeordnet.

Es gibt jedes Jahr im Dezember zwei Partys, da geh ich hin, auch wenn ich eigentlich tot bin. Die VerlagsvertreterInnen laden in eine Weinhandlung, es gibt Schinken und Käse und um Mitternacht kleine Würstchen. Es sind VertreterInnen und BuchhändlerInnen da, und man redet selbstverständlich ausschließlich über Bücher und das Weihnachtsgeschäft. Man trinkt und raucht viel zu viel, obwohl man weiß, dass man am nächsten Tag nicht ausschlafen kann. Die Vertreter-Weihnachtsfeier ist jedes Jahr am ersten Dienstag im Dezember, doch bis ich dieses Muster durchschaut hatte, vergingen mehrere Jahre. Bei Anna natürlich nicht. Bereits Ende Oktober fragt sie, ob sie an einem Mittwoch Anfang Dezember ein bisschen später anfangen könnte. »Klar«, sage ich, »kein Problem, ich bin ja da.« Anna hat sowieso Überstunden, bleibt gerne mal länger, da kann sie hin und wieder ruhig später kommen.

Wie immer ist unser Team in der verrauchten Weinhandlung am Rudolfsplatz gut vertreten. Wenn's ums Feiern geht, sind wir größer als jede Thalia-Mannschaft. Irgendwann, so gegen Mitternacht, zähle ich, wie viele Stunden Schlaf mir noch bleiben, wenn ich jetzt ins Taxi steige. Ich suche nach meinen Leuten, Anna sitzt vergnügt beim weißen Spritzer und winkt mir zu. »Chefin! Ich bleibe noch ein bisschen. Ich muss morgen erst später anfangen.« Wie schön, dass ich so kluge Mitarbeiterinnen habe.

Der achte Dezember, Mariä Empfängnis, ist in Österreich ein Feiertag. Die Schulen sind zu, keiner muss ins Büro, ein echter katholischer Feiertag eben. In meiner Kindheit und Jugend hatten auch die Geschäfte zu – man stelle sich das vor, ein ganzer Tag ohne Umsatz, und das mitten im Weihnachtsgeschäft! Deshalb haben sich irgendwann die Wirtschaftslobbyisten durchgesetzt, und nun darf man sein Geschäft aufsperren. Muss man sein Geschäft aufsperren, denn die anderen sperren auch alle auf. Das heißt, wer nicht aufsperrt, riskiert, dass alle Leute zu denen gehen, die offen haben, und hat ziemliche Umsatzeinbußen. Das können wir uns nicht leisten, also haben wir natürlich auch offen. Nachdem der Tag aber für ArbeitnehmerInnen als Feiertag zählt, ist klar, dass der achte Dezember mit so wenig Personal wie möglich besetzt wird. Das heißt, Oliver und ich arbeiten an dem Tag mit nur einer Mitarbeiterin. Wir kosten schließlich nichts.

Am Abend des siebten Dezembers gehen wir auf die Party des Wiener Czernin Verlags. Wir sitzen im gemütlichen Kellerlokal, essen, trinken, quatschen, später wird sogar getanzt. AutorInnen, JournalistInnen, FotografInnen – ein buntes Volk feiert hier irgendwas, alle haben den Anlass längst vergessen. Mein Mann und ich sind wieder einmal die einzigen Buchhändler, und natürlich sind wir die Ärmsten des Abends: Wir müssen morgen aufstehen. Wir müssen morgen arbeiten. Wir müssen morgen den Laden aufschließen, und das am Feiertag! Bis uns irgendjemand darauf hinweist, dass man die Geschäfte an Mariä Empfängnis erst um zehn Uhr öffnen darf. Wie, um zehn? Wir zücken unsere Handys, gehen trotz eisiger Kälte auf die Straße, denn im Kellerlokal ist kein Empfang, und googeln *Öffnungszeiten 8. Dezember.* Und tatsächlich: Hier steht es schwarz auf weiß: zehn bis achtzehn Uhr! Plötzlich haben wir das Gefühl, jemand hätte uns einen Urlaubstag geschenkt. Ich mein, von zehn bis achtzehn Uhr, das ist ja gar nichts, das schaffen wir mit links, da können wir ruhig noch ein bisschen länger auf der Party bleiben. Stunden länger. Morgen können wir ja ausschlafen.

SEI NICHT SO BLOND!

Seit ich ein eigenes Geschäft besitze, habe ich einen Sensor für zwischenmenschliche Beziehungen im Dienstleistungssektor entwickelt. Ob im Gasthaus oder im Café, im Jeansladen oder Haushaltswarengeschäft, ich spüre die »Vibes« derjenigen, die da arbeiten. Ich fühle die Stimmung schon beim Betreten des Geschäfts, erkenne an Blicken und Köperhaltungen, wie es hier läuft. Geht es den Angestellten gut? Fühlen sie sich wohl? Hassen sie ihren Job? Mögen sie ihre Kollegen? Fürchten sie sich vor ihrem Chef?

Ich habe schon einmal einem jungen Kellner einen Job als Buchhändler angeboten, einfach weil er so aufmerksam, witzig und zugewandt war. Ich habe ihm mitten in der Nacht nach einem guten Essen meine Karte gegeben, und das Angebot war ernst gemeint. Wenn er angerufen hätte, hätten wir aus ihm einen tollen Buchhändler gemacht. Er hat sich nie gemeldet – er war wohl auch gerne Kellner.

Wenn ich merke, dass der Vorgesetzte seine Angestellte anpflaumt oder die KollegInnen sich gegenseitig anzicken, verlasse ich den Laden so schnell wie möglich. Wenn sich die Verkäuferinnen private Geschichten erzählen, während ich einen Kleiderladen durchstöbere, bleibe ich nur widerwillig.

Im Weihnachtsgeschäft drängeln wir uns manchmal zu viert hinter der einzigen Kasse, jede mit einem Bücherstapel unterm Arm. Mitunter wird es dann sehr eng. Wir drücken uns aneinander, reichen uns über unsere Köpfe hinweg gegenseitig Bücher, Papiertüten, Geschenkpapier, Kugelschreiber und Kassenzettel.

Doch auch wenn wir alle todmüde, überarbeitet und manchmal völlig überfordert sind, lachen wir, haben Spaß und machen Show, zum einen natürlich für die KundInnen, aber auch für uns selbst, denn wenn wir nicht die ganze Zeit blöde Witze reißen würden, müssten wir uns in eine dunkle Ecke setzen und auf der Stelle einschlafen.

Unsere Buchhandlung ist kein Tempel der schönen Künste, in dem andächtig geschwiegen werden muss – im Gegenteil, wir lachen, scherzen, und oftmals hat man keine andere Möglichkeit, als quer durch den Laden zu rufen, nicht selten auch von der erhöhten Position der Leitern herab, denn an ein Durchkommen im vollbesetzten Raum ist nicht zu denken, es würde viel zu lange dauern.

»Haben wir noch einen signierten Geiger?«

»Weiß wer, welche Schauspielerin letzten Dienstag bei Stermann und Grissemann war?«

»Wie heißt das dritte Buch von dieser amerikanischen Autorin, die, wo das erste Buch so blau war, irgendwas mit einem Fluss vorne drauf ...?«

Eva steht am Computer und versucht verzweifelt, mit solch vagen Angaben ein Buch zu finden. Sie hat wohl gerade ihr Mittagstief, denn obwohl sie sonst der totale Computer-Crack ist, stellt sie sich ziemlich ungeschickt an. Ständig gibt sie unsinnige Stichworte in die Such-maske ein und vertippt sich. Ich schaue ihr zwischen Ein-packen, Kassieren und Bücher-aus-dem-Abholfach-Su-chen über die Schulter und versuche, ihr zu helfen. Ergebnislos.

»Mein Gott, Eva, sei nicht so blond«, sage ich laut ver-nehmlich, weil ich weiß, dass ich das darf. Bei uns darf man das, denn wir wissen immer, wie es gemeint ist. Ich darf die Mitarbeiterinnen »Schatzi« nennen, wenn mir im Eifer des Gefechts der Name nicht sofort einfällt, Pe-ter sagt zu mir manchmal »Honey«, obwohl er nicht mein Mann ist, auch wenn er ständig dafür gehalten wird, und ich bin auch nicht böse, wenn die Mitarbeite-rInnen sagen, dass die Chefin ja wieder mal keine Ah-nung hat. Also bezeichne ich Eva als *blond,* und sie spielt gerne mit. Der Kunde allerdings findet es nicht lustig, sieht mich strafend an und stellt todernst fest: »Na, Sie haben ja einen Umgangston hier.« Eva beginnt zu ki-chern, er lächelt verunsichert, und ich sage zu ihm: »Na, da haben Sie ja Glück, dass Sie nicht blond sind, nicht wahr?«

Natürlich dauert es nicht lange, bis Eva kontert: Ich stehe an der Kassa und versuche verzweifelt, eine Vorauszahlung mit einer Kombination aus Gutschein und Kreditkarte abzurechnen, und scheitere kläglich. Immer wieder muss ich auf *Bon abbrechen* drücken und den Vorgang neu starten. Vor dem Ladentisch steht eine lange Schlange, hinter mir die KollegInnen, die wohl spüren, wie genervt ich inzwischen bin, aber aufgeben ist keine Option. Irgendwann schiebt Eva ihren Arm in eine frei gewordene Lücke und tippt die richtige Tastenkombination. Laut sagt sie: »Glaubst du, ich merk das nicht, dass du die ganze Zeit nur Katzenvideos am Computer schaust?« Tosendes Gelächter im Laden. Und wieder gehen heute ein paar Leute mehr nach Hause, die sich an die Buchhandlung als einen Ort erinnern, an dem man Spaß haben kann.

Ich mag keine BuchhändlerInnen, die ständig jammern. Es ist für einen selbst nicht gut, und auch für die gesamte Branche ist es schädlich, wenn immer alle so tun, als wären wir die Ärmsten der Welt, die sich aufopfern und an der Schlechtigkeit der Menschen leiden. Die Leute sollen schließlich nicht zu uns kommen, weil sie Mitleid mit uns haben wie mit einer aussterbenden Spezies. Sie sollen zu uns kommen, weil wir gut sind, weil wir alles wissen und alles haben und alles andere rausfinden und besorgen können. Also, ein bisschen Mitleid ist schon okay, gerade so viel, dass die Leute nett zu uns sind, vor allem im Dezember, Kekse vorbeibringen oder Mandarinen, und auch gegen einen Topf Suppe haben wir bekanntlich nichts einzuwenden. Aber wir sollten ihnen keinesfalls so leidtun, dass sie sich vor Weihnachten nicht in den Laden trauen und ihre Bücher bei Amazon bestellen oder gar keine Bücher verschenken, weil sie uns schonen wollen. Das wollen wir nicht! Alle sollen kommen und viele Bücher bei uns kaufen, schließlich finanzieren wir den ganzen Betrieb mehr oder weniger mit dem Weihnachtsgeschäft. Und wie schrecklich wäre es, wenn wir im Dezember alleine im Laden stünden, denn auch wenn wir ständig jammern und uns im Oktober schon vor dem Ansturm fürchten, so freuen wir uns auch auf diesen Monat Ausnahmezustand im Jahr.

Bei aller Anstrengung hat es auch etwas Rauschhaftes, man surft auf einer Adrenalinwelle, ist völlig konzentriert und fokussiert sich ganz auf die KundInnen und deren Wünsche. Der Tag vergeht wie im Flug, es gibt keine Sekunde Stillstand oder Langeweile. Und wenn dann um achtzehn Uhr alle, die nicht hier arbeiten, draußen sind, beginnen wir aufzuräumen, jeder steht in einer Ecke und versucht, das Chaos, das wir den ganzen Tag über produziert haben, zu beseitigen. Das passiert still und leise, man hört nur das Geräusch, das die Leitern machen, wenn man sie in den Schienen hin und her schiebt. Es herrscht eine meditative Stimmung.

Was uns in dieser Zeit neben dem Adrenalin alle aufrecht hält, ist, dass wir uns gegenseitig haben.

Diese mir so vertrauten Menschen, die jeden Morgen je nach Dienstplan zu unterschiedlichen Zeiten das Geschäft betreten. Jeder von ihnen hat seinen eigenen Auftritt:

Peter, der mit seinem Scooter in atemberaubender Geschwindigkeit die Straße entlangflitzt (er wohnt ein paar Häuser weiter) und meist noch in Winterjacke die ersten Leute bedient.

Eva, die sich leise reinmogelt, plötzlich neben mir steht und mir ins Ohr flüstert: »Ich dachte, ich schau mal vorbei, unverbindlich halt.«

Berna, die den längsten Anfahrtsweg hat und hier ankommt, als hätte sie eine anstrengende Expedition hinter sich: Sie muss erst mal im Hof rauchen, zur Toilette gehen, die Schuhe wechseln, die Tupperware mit dem vorgekochten Mittagessen im Kühlschrank unserer Küche verstauen und Wasser für den Tee in der Thermoskanne kochen.

Barbie, die reinschneit, als wäre sie nach dem gestrigen Konzert noch gar nicht zu Hause gewesen, und schließlich Anna, die mir, kaum dass sie den Laden betreten hat, ein Gefühl der Sicherheit gibt. Anna ist da – alles wird gut.

Zusammen sind wir wie eine gut funktionierende Fußballmannschaft, wenn auch mehr aus dem Damenfußball: keine Konkurrenz, niemand will der anderen die Show stehlen, alle geben aufeinander acht, werfen sich die Bälle zu, fangen sie ab, wenn es notwendig ist. So gibt es geheime Zeichen, kurze Blicke, die wir austauschen, denn manchmal gibt es Situationen, aus denen man dringend rausmuss. Zum Beispiel, wenn man schon zehn Bücher erzählt hat und die Dame sich noch immer nicht entscheiden kann. Dann ist es mitunter lebensnotwendig, dass jemand anderes das Gespräch zu Ende führt.

Manchmal reicht auch eine kurze Umarmung im Hinterzimmer oder ein Stück Schokolade, das dir die Kollegin hinter der Taschenbuchdrehsäule in den Mund steckt, ein warmes Lächeln und, ja, auch ein Klaps auf den Po ist bei uns erlaubt und gilt als aufmunternde Geste. Es ist unglaublich, wie dieses Team harmoniert, wie sie zusammenarbeiten, aufeinander aufpassen und sich gegenseitig unterstützen, obwohl sie alle echte IndividualistInnen sind.

Manchmal schaffe ich es, kurz innezuhalten. Da steh ich dann, versteck mich ein wenig hinter dem großen Bildschirm und beobachte meine KollegInnen ein paar Sekunden. Dann bin ich glücklich, zufrieden und sehr stolz.

KANNST DU DAS *Internet* REPARIEREN?

Wenn das Internet nicht geht, dann geht gar nichts. Man kann keine Bestellung machen, kann aber auch nicht nachschauen, ob eine Bestellung da ist oder, besser gesagt, warum sie nicht da ist, wenn sie nicht im Abholfach steht. Und ins Abholfach kommt auch nichts Neues, denn ohne Internet kann man auch keine Warenübernahme machen. Kassieren geht auch nicht, also, man kann schon Geld in die Kassa legen und auch wieder welches rausnehmen, man kann aber keine Etiketten scannen, und mit EC- und Kreditkarte kann man natürlich auch nicht bezahlen.

Alle paar Jahre passiert es im Weihnachtsgeschäft: der Internetausfall. Man telefoniert hektisch mit der Anbieterfirma. Der Sachbearbeiter im Callcenter findet das alles natürlich nicht so krass wie wir und verspricht, im Laufe der nächsten vierundzwanzig Stunden jemanden vorbeizuschicken. Aber in vierundzwanzig Stunden haben wir Hunderte kleine Zettel mit aufgekritzelten Bestellungen produziert und weitere hundert mit aufgeklebten Preisetiketten. Das alles müssen wir nach diesen vierundzwanzig Stunden nachtragen. Während weitere hundert KundInnen weitere Bestellungen aufgeben und weitere Bücher bezahlen wollen. Das ist also nicht wirklich eine Option.

Samstagmorgen um halb neun fahre ich die Computer hoch, zwei funktionieren problemlos, aber bei den Geräten am Verkaufstresen hat sich das Internet verabschiedet. Also an einem Computer, der Kassa und dem Bankomatgerät. Ohne Internet kann man nichts nachschauen, nichts bestellen, nichts stornieren, nichts kassieren. Ich schalte ein und wieder aus, ruckle ein bisschen an den Kabeln, krieche in den kleinen Raum unter der Kinderbuchtreppe, wo unser Staubsauger und der Internetanschluss versteckt sind, ziehe an den Kabeln, lege ein paar Schalter um und leuchte mit der Handytaschenlampe ins Dunkle. Inzwischen ist es neun, und wie jeden Morgen um neun stürmen die ersten Menschen den Laden. Zwängen sich zwischen Drehsäulen und Holzkisten, die erst noch nach draußen geschoben werden müssen, durch und glauben, dass es schneller geht, wenn sie sich schon mal in Position bringen. Zum Glück ist Anna da. Anna verliert nie die Nerven, bleibt ruhig und höflich, kann einen Satz hundertmal wiederholen, ohne genervt zu klingen, und daneben schafft sie es auch noch, mir aufmunternde Blicke zuzuwerfen. Die habe ich auch bitter nötig. Ich hocke mit dreckigen Händen hinter dem Ladentisch und versuche, sämtliche Anschlüsse zu überprüfen, was gar nicht so einfach ist, denn die Anschlüsse sind selbstverständlich an den Geräten hinten angebracht, die Computer in den tiefen Ladentisch eingebaut und die Kabel kurz.

»Nein, leider. Unser Bankomatgerät geht gerade nicht.«

»Hätten Sie es bitte bar?«

»Wenn Sie eine Quittung brauchen, schreibe ich sie gerne mit der Hand, unsere Kassa geht gerade nicht.«

Anna wiederholt die Sätze unzählige Male, und alles bleibt erstaunlich zivilisiert. Manche KundInnen schauen mich neugierig an, wie ich da auf dem Boden sitze und an den Kabeln ruckle. Um fünf nach zehn rufe ich schließlich Walter an, er betreut unsere gesamte EDV, hat eine Engelsgeduld und immer eine Lösung. Es dauert ewig, bis er ans Telefon geht, ach ja, es gibt ja ein Leben außerhalb des Weihnachtsgeschäfts, und in diesem Leben schläft man am Samstag um neun, um danach gemütlich zu frühstücken, ich erinnere mich dunkel. Darauf kann ich jetzt keine Rücksicht nehmen, also klingle ich ihn aus dem Bett, er hebt schließlich ab und sagt nur: »Oje.«

»Jawohl, oje.«

»Was geht nicht?«

»Nichts. Nichts geht.«

»Ganz ruhig, was ist *nichts*?«

Nachdem drei der insgesamt fünf Computer anstandslos laufen, kann es kein generelles Internetproblem sein. Auch kein Serverproblem. Das hab ich verstanden, aber was zum Teufel ist es dann?

»Kannst du kommen?« Ich weine fast ins Telefon.

»Ich bin gerade aufgestanden.«

»Ich weiß. Kannst du trotzdem kommen?«

Längeres Schweigen am anderen Ende der Leitung.

»Ich brauche eine Stunde.«

»O.k. Kommst du?«

»Ja.«

In einer Stunde werden wir ungefähr hundert kleine Zettel produziert haben, die wir dann nachscannen müssen, über die Fehlerquote will ich gar nicht nachdenken. Wir werden siebzigmal erklärt haben, dass man momentan nur bar bezahlen kann, und wenn jemand etwas bestellen will, gibt es zwar einen funktionierenden PC, aber eben nur einen. Das ist bei ca. vierzig KundInnen pro Stunde, von denen mindestens die Hälfte etwas bestellen will, definitiv zu wenig, Und keine Kasse. Und kein Bankomatgerät.

Unter der Ladentheke, die gefühlte tausend Kilo wiegt, befindet sich eine Bodenklappe, in der sämtliche Kabel zusammenlaufen. Den großen Tresen kann man auf Rollen verschieben, bei Veranstaltungen werden so aus vierzig Quadratmetern Freifläche dreiundvierzig.

Um kurz vor zehn kommt Eva, ihre Schicht beginnt um zehn. Sie drängt sich gut gelaunt an der Warteschlange vorbei, um ein paar Minuten später erwartungsvoll neben mir zu stehen. »Was geht ab?«

»Nichts geht mehr. Also hier vorne. Hinten schon.« Ich sitze auf dem Boden, vor mir die offene Klappe, über mir turnen Anna und Lena und versuchen, die KundInnen in Schach zu halten. Und plötzlich fällt mein Blick auf einen losen Netzstecker und eine leere Steckdose. Ohne nachzudenken, verbinde ich die beiden. Plötzlich leuchtet ein grünes Licht in dem kleinen Kästchen, in dem alle Computerkabel zusammenlaufen. Grünes Licht ist gut, denke ich. Auf dem Bildschirm über mir baut sich plötzlich die Startseite unserer Homepage auf. Anna schreit: »Es geht!«, ein paar Leute applaudieren, ich rufe Walter noch mal an und sage ihm, dass er wieder ins Bett gehen kann, rapple mich mühsam hoch, gehe meine dreckigen Hände waschen, und so beschwingt wie in den nächsten Stunden habe ich schon lange keine Bücher mehr über den Kassenscanner gezogen.

In einer ruhigeren Minute fängt Eva mich im Hinterzimmer ab: »Duuu? Ich glaub, ich war das.«

»Was denn?«

»Das mit dem Stecker ...«

»Wie? Warum?«

»Ich hab doch gestern Kasse gemacht.«

»Ja und?«

»Da ist mir ein Fünfzigeuroschein runtergefallen.«

»Ja?«

»Unter die Budel.«

»Mensch, Eva, jetzt lass dir nicht alles aus der Nase ziehen. Wir müssen wieder nach vorne.« Ich werfe einen Blick durch die kleine Tür und sehe die Schlange an der Kasse.

»Ich hab den Tresen weggeschoben. Die Barbie hat mir geholfen. Und da war dann der Fünfziger. Danach haben wir das ganze Ding wieder zurückgeschoben. Da hat es so einen Holperer gemacht.« Sie sieht mich betreten an und sagt leise: »Ich glaube, das war die Steckdose. Schlägst du mich jetzt?«

»Ach, Eva. Wir haben es ja hingekriegt. Vergiss es.«

»O.k.« Niemand kann so einen schönen Augenaufschlag wie Eva. »Weißt du noch, der Stromausfall damals? Das war noch viel schlimmer!«

Da hat sie recht, es geht nämlich immer ärger. Denn wenn es keinen Strom gibt, gibt es auch kein Internet. Andererseits, wenn es an einem Dezembertag keinen Strom gibt, gibt es auch kein Licht, und dann ist es in unserer Buchhandlung so dunkel, dass man nur mit Mühe die Buchcover erkennen kann. Das verlangsamt die ganze Sache ungemein …

An einem dämmrigen Winternachmittag verabschiedet sich im gesamten Verkaufsraum der Strom, die Computer schalten sich aus, die Kasse ist tot, und es wird stockfinster. Einfach so. Aus dem Nichts. Seltsamerweise ist im Büro hinten alles hell, und auch wenn ich im Physikunterricht ständig gefehlt habe, ziehe ich den Schluss, dass das etwas mit unterschiedlichen Stromkreisen zu tun haben muss – Neubau und Altbau. Ich weiß auch, wo der Sicherungskasten ist, kann ihn öffnen und erkennen, dass keine der Sicherungen rausgesprungen ist. Die Telefonnummer unseres Elektrikers habe ich seit dem Umbau vor einigen Jahren eingespeichert, und unser Verhältnis ist freundschaftlich.

»Meine Lieblingsbuchhändlerin«, ruft er freudig nach nur zweimal Klingeln ins Telefon. Normalerweise kontere ich mit »Lieblingselektriker«, doch irgendwie bin ich nicht zum Scherzen aufgelegt. »Wir haben keinen Strom!«

»Nicht gut.«

»Gar nicht gut.«

»Waren Sie schon beim Sicherungskasten?«

»Natürlich. Sieht gut aus. Da sind alle drinnen.«

»Hm, sehr seltsam. Die ganze Buchhandlung?«

»Nur der vordere Teil. Und Teile der Wohnung obendrüber.«

»Ich bin gerade in Niederösterreich. Aber ich komme. So schnell ich kann.«

»Bitte!«

Inzwischen hat Oliver sämtliche Kerzen aus unserer Wohnung geholt, große Teller mit Teelichtern tauchen den Laden in stimmungsvolles Licht. Verlängerungskabel werden gesucht und ein paar Stehlampen, die wir von hinten mit Strom versorgen. Die, die den Laden betreten, blicken sich erstaunt um, die meisten lächeln und halten das Ganze für eine nette Adventaktion. Wir leiern wieder mal unser Sprücherl runter, von wegen »keine EC- und Kreditkarten, keine Kassenbons und kein Suchen im Computer. Heute nur analog. Buch gegen Geld«.

Eigentlich ist es gemütlich so: die Kerzen, das dämmrige Licht der Stehlampen, alle sprechen ganz leise, alle finden es lustig. Ich denke an den Umsatz, den wir heute schaffen müssen, und auch an die Nachtarbeit, falls wir je wieder Strom haben werden, und was wir alles nacharbeiten müssen. Da betritt ein alter Mann das Geschäft, blickt sich verwundert um und beginnt zu schimpfen. »Das gibt's ja nicht! Bei euch ist auch alles finster? Ich war gerade beim Zahnarzt, und der Termin ist ausgefallen, weil er keinen Strom hatte. Und jetzt wollte ich bei euch Bücher kaufen, aber da ist es auch dunkel!«

Ich starre ihn verwundert an und kombiniere dann messerscharf: Das hat nichts mit uns zu tun. Das ist ein größeres Problem. Der Zahnarzt befindet sich zwei Häuser weiter. Ich ziehe mir rasch die Jacke an und laufe auf die Währinger Straße. Vorbei am Schuhgeschäft, dessen Schaufenster hell erleuchtet sind. Im Haus des Zahnarztes ist ein Elektrogeschäft – stockdunkel –, im Innenhof stehen die Zahnarzthelferinnen, rauchen und diskutieren, ob sie wohl jetzt nach Hause gehen können. Wieder ein Haus weiter befindet sich ein Bettenzubehörgeschäft, das kuschelige Bett im Schaufenster strahlt im warmen Licht, wohingegen die Tchibo-Verkäuferinnen aufgeregt vor ihrem dunklen Geschäft stehen. Und dann kapier ich es: Jedes zweite Haus auf der ganzen Straße ist betroffen, das kann dann wohl nichts mit unserem Sicherungskasten zu tun haben. Also blase ich den Besuch des Lieblingselektrikers wieder ab, er lacht sehr, als ich ihm die Situation schildere, und sagt: »Da ist dann wohl die

›Wienenergie‹ zuständig, aber wirklich ein interessantes Problem.«

Finde ich auch, und ich frage mich, wie lange ein Großbetrieb wie die Wiener Stadtwerke dafür brauchen wird, so ein interessantes Problem zu lösen. Der beherzte Zahnarzt hat schon angerufen und die beruhigende Antwort erhalten, dass ein sogenanntes Relais ausgefallen ist und man bereits an der Behebung des Schadens arbeite. Ich weiß weder, was ein Relais ist, noch kann ich mir vorstellen, wie man so etwas beheben kann, ohne die ganze Straße aufzugraben, doch wie durch ein Wunder flackert nach eineinhalb Stunden das Licht, die Kassa meldet sich mit einem kleinen Geräusch, und ich bin wieder einmal davon überzeugt: Wien und seine Stadtverwaltung sind einfach großartig.

In den ersten Jahren der Buchhandlung, also bevor wir beschlossen hatten, unsere vierzig Quadratmeter Verkaufsfläche um weitere zwanzig zu vergrößern, verband eine gusseiserne Wendeltreppe das Hinterzimmer des Ladens mit unserer Wohnung. Im Vorzimmer, direkt neben der Küche, war ein Loch im Boden, und da wand sich eine alte Stiege hinunter. Man konnte sowohl die Kundengespräche in unserer Wohnung belauschen als auch die Küchengerüche in der Buchhandlung riechen. Wir sind natürlich ganz selten durchs Treppenhaus gegangen, sondern meist in Windeseile über die Wendeltreppe geklettert. Für das Kind war es ganz normal, mit Hausschuhen oder Rutschsocken zwischen den Etagen hin und her zu flitzen.

Als ich an einem Morgen um halb neun den Kaffeebecher umklammerte, die Wendeltreppe runterging und das Hinterzimmer betrat, blieb mir kurz die Luft weg. Der kleine Schreibtisch war komplett verwüstet, alle Schubladen rausgezogen, Papier lag auf dem Boden. Gut, Oliver ist ein unordentlicher Mensch, und er hatte am Abend davor noch lange gearbeitet, aber musste man das wirklich so hinterlassen? Auf die Idee, dass hier irgendwas gefährlich sein könnte, kam ich natürlich nicht, ich ging nach vorne in den dunklen Laden, und da sah ich die aufgebrochene Tür. Wir hatten wohl Besuch gehabt in der Nacht. Geld gab es keines zu holen, das sperren wir in der Nacht in den Tresor, lediglich das kleine Schächtelchen, in das wir unser Trinkgeld werfen, war leer. Da war aber nicht viel drin, denn Trinkgeld ist im Buchhandel ohnehin sehr unüblich. Dann fiel mein Blick auf die leere Obstschale, die mitten auf dem Verkaufstresen stand, und großer Ärger stieg in mir auf: Da drinnen war ein ganzer Berg Lindt-Kugeln gewesen, die hatte der Wirtschaftsverein am Tag zuvor gebracht. Sie sollten eigentlich an Kunden und Kundinnen verschenkt werden, doch wir hatten sie natürlich zum Großteil hinter dem Ladentisch versteckt, schließlich weiß man nie, wann man wieder etwas zu essen bekommt. Oliver betrat hinter mir den leeren Verkaufsraum, und ich präsentierte ihm erbost die leere Schüssel: »Da hat jemand eingebrochen! Und alle Schokokugeln geklaut!« Mein Mann sah mich an, als zweifle er an meinem Verstand: »Und sonst?«

»Weiß ich noch nicht.«

»Der Laptop ist weg!«

»Stimmt. Und die Schokokugeln!«

»Ja, aber der Laptop! Und stell dir vor, wenn die die Treppe hochgekommen wären, die wären vor unserem Bett gestanden.«

»Stimmt. Aber wer klaut schon Schokokugeln?«

Ich bemerkte sehr wohl, wie mein Mann die Augen verdrehte, bevor wir begannen, das Chaos zu beseitigen, den Schlosser anzurufen und unseren Sohn, er möge doch bitte innerhalb der nächsten Stunde seinen Laptop vorbeibringen, wir müssten uns den kurz ausleihen.

Wir riefen die Polizei, zwei Beamte nahmen ein wenig halbherzig unsere Fingerabdrücke auf und rieten uns, in eine Alarmanlage zu investieren. Als sie eine Liste der gestohlenen Dinge protokollierten, erwähnte ich die Schokokugeln dann doch nicht. Die hätte die Versicherung wohl auch kaum übernommen.

EIN AUTO ZUM MITNEHMEN, BITTE

Natürlich war es Anfang Dezember, als das alte Auto, das wir aus Hamburg mitgebracht hatten, seinen Geist aufgab. Nichts ging mehr. Es sprang nicht an, und der herbeigerufene Mann vom Pannendienst riet uns ohne Umschweife, den alten Ford verschrotten zu lassen, bloß nichts mehr in eine Reparatur zu investieren und uns ein neues Auto zuzulegen.

Ein neues Auto also. Und zwar sofort. Nicht in einer Woche, nicht in zwei Wochen, denn jetzt mussten wir unzählige Bücher liefern. Wir hatten Adventausstellungstische in Schulen zu betreuen, alten Damen in Pötzleinsdorf ihre Weihnachtsgeschenke für die Enkel zu bringen und das Wien Museum, dessen Shop wir seit Jahren bestücken, kann man auch nicht mit der Straßenbahn beliefern.

Um uns mit dem Gebrauchtwagenmarkt zu befassen, hatten wir natürlich keine Zeit, wir arbeiteten täglich dreizehn Stunden und mehr und brauchten spätestens in drei Tagen ein funktionstüchtiges Auto. Ein *neues* Auto war genauso utopisch, schließlich sind wir Buchhändler. Wir suchten ein bisschen im Internet und stießen auf die rumänische Marke Dacia. Nicht gerade ein Luxusauto, eigentlich eher ein Lieferwagen, aber für unsere Zwecke perfekt geeignet. Es gab zwei unschlagbare Argumente für diese Marke: Die Autos sind billig, und der Renault-Händler drei Straßen weiter verkauft die Dinger. Wir ließen die Angestellten kurz allein und wanderten durch dichtes Schneetreiben in die Teschnergasse.

»Haben Sie einen Dacia lagernd?«

»Ja, welche Farbe hätten Sie gerne?«

»Das ist uns egal. Wir würden gerne Probe fahren.«

»Ja, gut, wir können einen Termin vereinbaren.«

»Nein, keinen Termin. Wir möchten jetzt Probe fahren.«

»Jetzt?« Der Herr schaute uns zweifelnd an, dann warf er einen Blick ins Schneegestöber. »Haben Sie einen Ausweis dabei? Führerschein?« Er kopierte die Papiere und drückte uns einen Schlüssel in die Hand.

Wir setzten uns in den weißen Lieferwagen, und ich fand ihn gut. Also nicht richtig toll, aber okay. Schließlich hatte ich noch nie ein fabrikneues Auto besessen, und auch wenn es das billigste auf dem Markt war, beeindruckte es mich durch seine Sauberkeit, den Geruch und dadurch, dass es aussah, als wäre es soeben vom Laufband gerollt. Wir fuhren einmal die Czartoryskigasse entlang, da ging's ordentlich den Berg rauf, und auf der verschneiten Fahrbahn konnte man gleich testen, ob das Ding was taugte. Langsam, aber sicher erreichten wir die Kuppe des Schafbergs, wendeten und fuhren wieder zurück zum Autohändler.

Der schaute uns erwartungsvoll an. »Und? Zufrieden?«

»Ja. Wir nehmen ihn.«

»Okay! Freut mich. Dann setzen Sie sich, und wir sprechen über Ihre Wunschausstattung.«

»Das ist gar nicht nötig, wir nehmen gleich den.«

»Wie? Gleich den?«

»Na ja, wir würden ihn gleich mitnehmen.«

»So schnell?«

»Ja, so schnell.«

»Wenn Sie trotzdem kurz Platz nehmen möchten?«

Wir setzten uns an seinen Schreibtisch, er füllte ein paar Formulare aus und blätterte in seinem Kalender.

»Wann möchten Sie das Auto abholen?«

»Sofort. Wir kaufen ihn sofort.«

»Das geht nicht.«

»Warum nicht? Sollen wir bar bezahlen?«

»Äh, das geht nicht so schnell.«

»Wo ist das Problem? Wir brauchen ihn sofort. Spätestens morgen. Können Sie sich um die Versicherung und die Anmeldung kümmern?«

Nun wurde er ein bisschen hektisch, der Autohändler, er witterte wohl die Chance, in seinem Betrieb als schnellster Verkäufer aller Zeiten in die Geschichte einzugehen. Er versprach, das Auto am nächsten Tag um elf Uhr versichert und angemeldet bereitzustellen, nachdem ich ihm die Bezahlung in bar in Aussicht gestellt hatte.

Inzwischen sind einige Jahre ins Land gezogen, der Dacia fährt und fährt. Na gut, einmal hatte er Probleme mit der Batterie, zuerst wurde es nicht als Problem wahrgenommen, er sprang halt einfach hin und wieder nicht an. Bci mir. Ein Problem wurde es dann, als mein Mann eine größere Bestellung liefern sollte. Im Wien Museum wurde eine Ausstellung eröffnet, und die Bücher dafür befanden sich in unserem Auto. Welches auf dem verschneiten Hof stand und nicht ansprang. Ich verkniff mir jegliche Bemerkung, man will ja nicht immer als Besserwisserin dastehen, auch wenn man es meistens ist. Und nachdem mein Mann zwar genauso lange hier lebt wie ich und genauso viele Freunde hat wie ich, bin ich es, die sämtliche NachbarInnen wegen eines Starthilfekabels anruft. Ich mache das natürlich ohne jeglichen bösen Kommentar. Ich schaffe das und bin mächtig stolz auf mich.

Eine Woche später haben wir das gleiche Problem, nur diesmal am Vormittag. Von den Nachbarn, die helfen könnten, ist keiner zu Hause, schließlich müssen andere Menschen auch arbeiten. Doch es gibt ja noch den Pannendienst, und es dauert lediglich drei Stunden, bis der seine Liste abgearbeitet hat und bei uns auf dem Hof steht. Wenigstens müssen wir nicht beim Auto auf ihn warten, wir verkaufen also Bücher und verpacken Geschenke, bis uns der Herr vom ARBÖ anruft, um uns mitzuteilen, dass er jetzt da sei. Oliver zieht sich was an und verschwindet im Hof gegenüber, wo sich unser Parkplatz befindet. Nach fünf Minuten kommt er zurück, schlüpft aus seiner Jacke, überreicht sie mir und zieht mir seine Mütze über. »Mach du das. Ich kann das nicht.« Er wendet sich dem nächsten Kunden zu. »Bitte schön, was kann ich für Sie tun?«

Ich stehe also bei minus zehn Grad auf unserem Hof, ein bärtiger Pannendienstfahrer beugt sich tief über unser Auto und freut sich sichtlich, als er mich sieht. Er holt seine Zigaretten aus der Jackentasche, bietet mir eine an und erzählt im breitesten Waldviertler Dialekt von seinem Tag, dem Tag davor und überhaupt der ganzen Woche. Ich rauche aus Solidarität eine mit ihm, und bald sind wir bei seiner Oma angekommen und dass er eigentlich hätte Bäcker werden sollen, aber immer schon Autos geliebt habe und gegen den Willen seiner Eltern eine Ausbildung zum Kfz-Mechaniker gemacht habe. Und weil er Routine hasst und Menschen mag, ist der Beruf des Pannenfahrers der einzig mögliche für ihn. Selbst für mich als Österreicherin ist es ein wenig schwierig, seinen sehr speziellen Dialekt zu verstehen. Jetzt weiß ich auch, warum mein deutscher, wortkarger und durchaus etwas menschenscheuer Mann lieber im Laden steht, als sich mit diesem engagierten Pannenfahrer auseinanderzusetzen. Immerhin redet der Pannenfahrer nicht nur, er repariert auch das Auto.

Nach vielen Jahren funktioniert der Dacia immer noch, nur schick finde ich ihn nicht mehr. Das liegt zum einen daran, dass er sehr billig war und inzwischen einfach auch alt ist, zum anderen aber auch daran, dass mein Mann und mein Sohn das Auto einfach nur als Gebrauchsgegenstand sehen, der lediglich dazu da ist, Bücherkisten von A nach B zu karren, und ansonsten keinerlei Pflege und Aufmerksamkeit bedarf. Was bedeutet, dass man den Fußboden nicht mehr sehen würde, wenn ich nicht regelmäßig leere Smoothieflaschen, alte Parkzettel und Coffee-to-go-Becher entsorgen würde. Manchmal blicke ich sehnsüchtig auf die Männer, die am Samstag geduldig bei der Autowaschanlage anstehen, den Innenraum sorgfältig mit einem kleinen Handbesen kehren und das Cockpit mit einem weichen Tuch reinigen. Im Winter dauert es ungefähr zwanzig Minuten, bis die gefrorene Windschutzscheibe des Dacia ein wenig mehr als ein kleines Loch freigibt, dafür frieren die Seitenfenster während der Fahrt immer wieder ein, wenn man die ganze heiße Luft nach vorne bläst.

Irgendwann taucht er plötzlich in mir auf: der brennende Wunsch nach einem richtigen Auto. Einem Auto mit Heizung, mit bequemen Sitzen, mit Bluetooth und einer Soundanlage, bei der man auch noch mit hundert Stundenkilometern die Nachrichten verstehen kann. Und nachdem ich jedes Jahr ein Buch schreibe, diese Bücher sich auch verkaufen, sprich, ich damit Geld verdiene, darf ich doch wohl auch mal ein richtiges Auto besitzen. Eh kein teures. Eh ein gebrauchtes. Aber ein Auto. Natürlich schäme ich mich für diesen Wunsch. Ich bin im Bezirk bekannt als grüne Unternehmerin, meine Buchhandlung liegt direkt neben dem Bezirksamt, ich bin mit der grünen Bezirksvorsteherin seit Jahren gut bekannt, wenn nicht sogar befreundet. Ich sollte diesen Wunsch nach einem Auto nicht verspüren. Ich sollte mir ein neues Fahrrad kaufen, vielleicht sogar ein Lastenrad und kein neues Auto. Aber ich tu es. Ich kaufe den gebrauchten Volvo einer Freundin und bin glücklich. Freue mich, wenn ich einsteige, wenn ich die Sitzheizung unter meinem Po spüre, wenn ich beim Fahren laut David Bowie hören kann oder mit beiden Händen am Lenkrad telefonieren. Ich habe ein schlechtes Gewissen, aber ich finde es super.

Irgendwann im Dezember komme ich am Abend spät nach Hause. Ich war bei meinen syrischen Freunden zum Essen eingeladen, und nachdem es da eh keinen Alkohol gibt und ich so müde bin, fahre ich mit dem Auto. Es ist auch direkt auf der Währinger Straße ein Parkplatz frei, mein Lieblingsparkplatz, der erste nach einer kleinen Querstraße. Meinen Mann habe ich den ganzen Tag nicht gesehen, unsere Arbeitsschichten decken sich nicht mehr. Wenn er arbeitet, schlafe ich, wenn ich anfange zu arbeiten, holt er seinen Schlaf nach. Seit einigen Jahren haben wir diesen wunderbaren Lagerraum gegenüber der Buchhandlung, hier wird die gesamte Ware übernommen. Und natürlich arbeitet Oliver noch, ich will ihn einmal kurz sehen, fragen, ob er noch kann, zumindest pro forma, denn er hat eh keine Wahl. Wir plaudern ein bisschen, versichern uns, dass wir die Tollsten sind und es auch dieses Jahr wieder schaffen werden, und dann verabschiede ich mich, um noch ein paar Stunden Schlaf zu bekommen. Als ich die Währinger Straße überquere, fällt mein Blick auf das neue Auto. Da steht es, sieht gut aus, und es ist meins. Doch halt, da steht es nicht. Da, wo ich das Auto vor einer Viertelstunde abgestellt habe, ist kein Auto mehr, nur eine Lücke. Kann man in einer Viertelstunde ein Auto klauen? Auf der Währinger Straße? Um elf Uhr nachts? Oder habe ich doch woanders geparkt und bin so überarbeitet, dass ich es vergessen habe? Ich schaue noch einmal hin, und dann sehe ich es. Mein schönes neues Auto hat sich selbstständig gemacht. Es steht ein wenig schief an ein Halteverbotsschild gelehnt, zehn Meter weiter hinten. Dabei hat es eine Querstraße überrollt und ist immerhin nicht auf den Straßenbahnschienen gelandet. Das Halteverbotsschild ist unversehrt, die Stoßstange hat keinen Kratzer, keiner hat die Polizei gerufen, und ich hoffe, dass es niemand gesehen hat. Und wenn es jemand gesehen hat, dann hoffe ich, dass derjenige nicht weiß, dass es mein Auto ist. Ich hatte weder die Handbremse angezogen noch einen Gang eingelegt. Ich sollte definitiv mehr schlafen.

ACHTUNG, GLEICH SCHNEIT'S!

Bei sechzehn Grad denkt niemand an Weihnachten. Dann glauben nämlich alle, dass in diesem Jahr kein Winter kommt, niemand hat Lust, Weihnachtsgeschenke zu kaufen, der Umsatz ist katastrophal. Die Einkaufsstraße ist geschmückt, die mehr oder weniger geschmacklose Straßenbeleuchtung, die wir natürlich mitfinanzieren, bewegt sich im warmen Föhnwind hin und her, und wir drehen die Heizung ein wenig runter.

Wir wünschen uns Schnee. Und zwar viel Schnee, am besten ohne Wind, schnurgerade von oben, damit die Taschenbücherdrehsäulen, die vor der Buchhandlung stehen, nicht vollgeschneit werden. Und bloß keinen gefrierenden Regen, da werden die Straßen glatt und rutschig, und die alten Menschen trauen sich nicht mehr aus den Wohnungen, kommen demnach auch keine Bücher kaufen. Also bitte Schnee. Mit dicken Flocken, sodass jeder, der aus dem Fenster schaut, lächelt und sofort »Jingle Bells« auf den Lippen hat. Und Lust hat, dicke Romane und schöne Bildbände zu kaufen.

In manchen Wintern funktioniert das Wünschen, so wurden wir im ersten Weihnachtsgeschäft von unglaublichen Schneemassen verwöhnt. Wir hatten immer noch keine Wohnung, das heißt, wir lebten bei unseren Freunden im kleinen Haus am Schafberg. Der Schafberg ist kein wirklicher Berg, mehr so ein Hügel am Rande von Wien, aber immerhin ein paar Meter höher gelegen als der Rest der Stadt. Als wir am Morgen die kleine Treppe in den Garten runtersteigen, versinkt das jüngste der drei Kinder bis zur Brust im Schnee. Wir fischen es wieder raus, die Kinder wälzen sich begeistert in den Schneemassen und müssen natürlich noch einmal umgezogen werden, bevor wir den Weg zu Kindergarten und Schule antreten. Eigentlich müsste ich um neun Uhr den Laden aufschließen, aber das ist utopisch, denn der Straßenbahn- und Busbetrieb wurde eingestellt. Also packen wir die Kinder auf den Schlitten, und ab geht's in die verschiedenen Betreuungseinrichtungen. An diesem Tag ist es egal, wenn man zu spät kommt, die ganze Stadt ist wie verzaubert, alle bewegen sich langsam, niemand scheint es eilig zu haben.

Am Abend funktioniert zur großen Enttäuschung der Kinder der öffentliche Verkehr wieder, wir fahren total langweilig mit U-Bahn und Straßenbahn nach Hause, die Ärzte sind im Nachtdienst, Oliver hat noch ungefähr zwanzig Kisten zum Auspacken, ich schiebe mit schlechtem Gewissen Tiefkühlpizzas in den Backofen und setze die drei vor den Fernseher. Ich bin tot. Nach dem Essen ab in die Badewanne, Zähneputzen, eine Geschichte vor-

lesen und kuscheln, und dann bin ich auch schon eingeschlafen, im unteren Stockbett. Die Füße schauen unter
der zu kurzen Kinderdecke hervor, aber obenrum ist es
kuschelig, denn ich liege eingekeilt zwischen den zwei
kleinen Mädchen, dem eigenen und dem angepatchwork-
ten. Seit wir hier eingezogen sind, wollen sie nur noch in
einem Bett schlafen. Irgendwann weckt mich ein Geräusch, der Nacken tut mir weh, und ich wälze mich aus
dem Bett. Ein Blick auf die Uhr sagt mir, dass es kurz
nach Mitternacht ist, und das Geräusch war ein Klopfen
an der Haustür. Ich öffne einen Spalt, und vor mir steht
mein Mann im dichten Schneetreiben, seine Haare sind
ganz weiß, und er sieht mich kurz an, geht dann langsam
ins Haus und verschwindet im Badezimmer. Sekunden
später höre ich Wasser in die Wanne laufen, und dann
erst fällt mir auf: Irgendwas stimmt nicht an dem Bild.
Irgendwas ist komisch. Endlich werde ich richtig wach,
und dann fällt mir auf, was so seltsam war: Draußen ist
tiefster Winter, dicke Flocken fallen vom Himmel, es hat
einige Grad unter null, und mein Mann stand gerade
hemdsärmelig und mit Birkenstockschlappen auf der
verschneiten Treppe. Ich folge ihm ins Haus, seine Kla-
motten liegen durchnässt auf der Badezimmermatte, er
liegt in der Wanne, und schön langsam bekommt er wieder ein wenig Farbe im Gesicht.

»Was ist denn passiert?«

»Ausgesperrt. Hast du den Buchhandelsschlüssel vom
Schlüsselbund genommen?«

Ich wühle in meiner Hosentasche, und tatsächlich

finde ich einen einzelnen Schlüssel. Ich weiß nicht, warum ich den habe, der hängt sonst immer an einem Ring mit all den anderen Schlüsseln.

Wir haben in der Buchhandlung ein Klo auf dem Gang. Im hinteren Bereich des Ladens gibt es eine kleine Tür, durch die man in den Hausflur kommt. Eine Tür mit Türknauf von außen, das heißt, war man mal draußen, braucht man einen Schlüssel, um wieder reinzukommen. Den Schlüssel, den ich gerade in meiner Hosentasche gefunden habe.

»Ich war auf dem Klo. Und dann bin ich nicht mehr reingekommen. Und du bist nicht ans Handy gegangen.«

»Und dann?«

»Na, dann hab ich die letzte Straßenbahn zum Glück noch erwischt und bin den Rest zu Fuß gegangen.«

»Es tut mir leid.«

»Ist schon gut. Jetzt bin ich ja da.«

Weil unsere Buchhandlung ja sehr klein ist, müssen wir – im Sommer wie im Winter – einen Teil der Ware vor das Geschäft verlagern. Auf dem Gehweg stehen deswegen also immer zwei Drehsäulen mit Taschenbüchern, eine Kiste mit Saisonartikeln (im Winter Abreißkalender, im Sommer Urlaubslektüre), ein Ständer mit Ratgebern und natürlich der Pixi, die kindergroße Plastikfigur mit einer Plexiglas-Schüssel vor dem Bauch, voll mit kleinen Weihnachtsbüchlein. Ziemlich viel Zeug also, was wir da vor dem Geschäft »lagern«. Das machen wir einerseits, damit die Menschen, die auf die Straßenbahn warten, etwas zum Schauen haben, aber auch, weil wir drinnen so wenig Platz haben. Diese Freilandhaltung geht natürlich nur, weil alles unter einer breiten Markise Platz findet, und nachdem vor unserem Laden die Straßenbahnhaltestelle ist, ist das für die Fahrgäste der Wiener Linien bei schlechten Witterungsverhältnissen eine praktische Unterstellmöglichkeit. Wenn es richtig heftig schneit, muss man die Markise regelmäßig vom Schnee befreien, sonst hängt sie durch und würde irgendwann reißen. Deshalb gehe ich bei Schneefall jede Stunde mit einem Besen bewaffnet vor den Laden und klopfe mit dem Stiel von unten gegen die Plache, um den Schnee herauszuschütteln. Manchmal rufe ich: »Achtung, gleich schneit's!«, aber auf die Schutz suchenden Passanten kann ich dabei nicht immer Rücksicht nehmen, schließlich stehen drinnen die Leute Schlange, und ich muss zurück hinter den Ladentisch. Also rasch ein wenig klopfen und dann wieder rein. Wenn ich zu lange nicht schüttle, gibt es ein bisschen mehr Schnee, und wenn die Leute nicht schnell genug weggehen, dann haben sie eben Pech gehabt. Meistens trifft es eh mich selbst, aber ich hab's ja gut und wohne über dem Laden. Wenn mir der Schnee also bis in die Unterwäsche rutscht, gehe ich mich einfach schnell umziehen.

Ein weiterer Lagerplatz für uns sind unsere vielen Schaufenster. Ja, natürlich sind Auslagen kein Lager, man muss sich gut überlegen, wie man alles ansprechend arrangiert, unsere Lehrlinge werden in der Berufsschule lange damit gequält, wie man die perfekte Auslage gestaltet. Und doch zweckentfremden wir sie manchmal. Denn wenn wir zum Beispiel schicke, teure Bildbände ins Schaufenster stellen, tun wir das natürlich einerseits, damit die Leute sie sehen und kaufen, aber auch, weil wir drinnen einfach nirgendwo Platz für große Bücher haben. Also wird die Ware manchmal direkt aus der Auslage verkauft. Außer, wenn Oliver mal wieder den Schlüssel in der Hosentasche hat, nicht im Laden steht und auf dem Handy nicht erreichbar ist. Oder aber, wenn in einem extrem kalten Winter die Außenschlösser der Fenster zugefroren sind und wir nicht rankommen an die gute Ware. Es tut weh, wenn du einen Kunden vor dir stehen hast, der gewillt ist, fünfzig Euro für einen Bildband auszugeben. Dieser Bildband befindet sich in deinem Besitz, du kannst ihn sehen, aber leider nicht erreichen. »Morgen soll es ein wenig wärmer werden. Kommen Sie eventuell in ein paar Tagen wieder?«

DER „WER-IST-ÄRMER-WETTBEWERB"

In den ersten Jahren der Buchhandlung war es ganz leicht. Wir waren beide arm. Mein Mann und ich arbeiteten beide bis zum Umfallen, Tag und Nacht, also eigentlich immer, dazwischen versuchten wir, dem kleinen Kind eine ausgeglichene Kindheit zu bieten, das große Kind schaffte es zum Glück irgendwie selbst, erwachsen zu werden.

Ich weiß noch genau, wie es war, als Oliver und ich uns kennengelernt haben. Er war hilfsbereit und fürsorglich, manchmal wollte er sogar meine Handtasche tragen, damit ich bloß keine Rückenschmerzen bekam.

Dieses rührende Verhalten ändert sich schlagartig, wenn du gemeinsam eine Buchhandlung gründest. Dann geht's einfach nur noch darum, gemeinsam die viele Arbeit zu bewältigen, da ist keine Zeit mehr für Romantik. Inzwischen schafft er es, mir, ohne mit der Wimper zu zucken, dabei zuzusehen, wie ich vier vollgepackte Bücherwannen mit der Sackkarre drei Stufen hochziehe oder den Taschenbuchdrehständer vor die Buchhandlung bugsiere. Das ist normal, wir machen es ständig. Und Oliver ist schließlich nicht viel größer oder stärker als ich und muss auch die ganze Zeit Kisten durch die

Gegend tragen. Wenn es Dezember wird, schleppen wir beide ständig schwere Dinge durch die Gegend, arbeiten bis zur völligen Erschöpfung, und keiner von uns hat die Kraft, den anderen zu unterstützen, ja, manchmal reicht es nicht mal für ein aufmunterndes Lächeln, so gefangen sind wir in unserem jeweiligen Selbstmitleid.

Als wir im allerersten Weihnachtsgeschäft in der Geschichte unserer Buchhandlung noch im kleinen Haus am Schafberg bei unseren Freunden wohnten, lief der »Wer-ist-ärmer-Wettbewerb« sogar zwischen vier Personen. Die Freunde, bei denen wir damals eingezogen waren, waren beide Spitalsärzte im größten Krankenhaus der Stadt, das hieß: früh beginnen, Überstunden ohne Ende, Wochenend- und Nachtdienste. Und dazu wir beide, die jeden Tag vom frühen Morgen bis spät in die Nacht in der Buchhandlung waren, sich hin und wieder bei gemeinsamen Mahlzeiten trafen, um dann wieder weiterzuarbeiten. Oft waren beide »Fremdeltern«, die Ärzte in der Nacht außer Haus, da durfte ich dann bei den Kindern bleiben, sonst wären die Babysitterhonorare ins Unendliche gestiegen. Obwohl die Kinder damals im wirklich anstrengenden Trotzalter waren, fühlten sich diese Abende für mich wie Urlaub an. Essen, ein bisschen spielen oder basteln, Badewanne inklusive Trockenwischen des Fliesenbodens, der Kampf ums Zähneputzen, Schnullerdiskussionen mit der Jüngsten, danach eine Geschichte vorlesen und streng sein, wenn sie immer wieder aus dem Bett krochen. Doch danach, wenn sie endlich schliefen, kam der absolute Höhepunkt der Woche:

ein freier Abend, was bedeutete, dass ich spätestens um neun vor dem Fernseher einschlief. Bei den anderen Erziehungsberechtigten musste man natürlich immer ein wenig flunkern, damit die ja nicht auf die Idee kamen, ich hätte einen schönen Abend genossen, während sie ein hartes Leben hatten. Nur einmal, als die Magen-Darm-Grippe durchs Kinderzimmer wütete und alle drei stundenlang abwechselnd ihre Betten vollkotzten, wäre ich lieber in der Buchhandlung gewesen. Um vier Uhr früh hatte ich kein einziges Stück Bettwäsche mehr, die drei lagen erschöpft in meinem Bett und ich auf dem Sofa im Kinderzimmer, damit ich den nächsten Alarm nicht überhörte. Als der Patchwork-Vater um sieben Uhr früh vom Nachtdienst nach Hause kam und mir erzählen wollte, wie anstrengend sein Leben war, zog ich mir einfach die Decke über den Kopf und döste noch ein wenig vor mich hin.

Nach einigen Jahren Weihnachtsgeschäft entwickelte sich zwischen meinem Mann und mir eine klare Arbeitsaufteilung. Seitdem ist er für die gesamte Warenübernahme zuständig, bewältigt also alle Bestellungen, füllt die Schubladen mit Taschen und Tüten auf und versucht, alles im Hintergrund so zu erledigen, dass der Laden einigermaßen rundläuft und niemand merkt, dass wir eigentlich ständig überfordert sind und improvisieren. Ich

stehe im Laden, empfehle und verkaufe Bücher und versuche, MitarbeiterInnen und KundInnen gleichermaßen bei Laune zu halten. Wer im Laden steht, muss ständig mit Menschen kommunizieren und sollte dabei möglichst gut drauf sein. Wer über längere Zeit nicht genug schläft, kann nicht gut drauf sein. Also haben wir irgendwann beschlossen, dass ich allerspätestens um einundzwanzig Uhr den Laden verlasse. Ich darf in meine Wohnung gehen, mir etwas zu essen zubereiten, meistens reicht die Kraft nur für ein belegtes Brot oder im besten Fall für Nudeln mit Pesto. Die Mahlzeit wird selbstverständlich von mindestens zwei Gläsern Wein begleitet und vor dem Fernseher eingenommen. Weil Oliver noch stundenlang im Lager stehen wird, kann ich mich problemlos durch Sendungen wie *Teenie-Mütter*, *Frauentausch* oder *Der Hundeprofi* zappen, ohne eine kritische Bemerkung von meinem intellektuellen Mann zu riskieren. Denn das sind die einzigen Sendungen, denen ich folgen kann. Manchmal lande ich auch bei Dokus über harte Männer auf einer Ölplattform oder über Minenarbeiter, dann fühlt sich der eigene Job schon gar nicht mehr so schlimm an. Ab und zu huscht dann doch mein Mann durchs Zimmer und schimpft, weil ich um zehn noch nicht schlafe, wo ich doch extra so früh aufhören durfte, damit ich ins Bett gehen kann. Er will nicht verstehen, dass das nicht so leicht ist. Man kann nicht zehn Stunden lang auf Highspeed laufen, ständig reden und denken und reagieren und funktionieren und dann einfach schlagartig aufhören und einschlafen. Das ist völlig unmöglich, und deswegen bin ich sehr froh, dass es über dreißig Fernsehkanäle gibt. Die Alternative wäre nämlich, wach im Bett zu liegen und darüber nachzudenken, ob ich das Buch für Herrn Bruckschwaiger jetzt wirklich bestellt habe und wo ich diese Liste hingelegt habe, die mir Frau Schirner heute Nachmittag im ärgsten Trubel in die Hand gedrückt hat. Da schau ich mir doch lieber an, wie eine gepiercte, tätowierte Sechzehnjährige ihr Baby wickelt oder Martin Rütter es in zehn Minuten schafft, aus einem Angsthund ein gastfreundliches, wohlerzogenes Wesen zu machen. Der Hund liegt dabei zufrieden neben mir auf dem Sofa und denkt gar nicht daran, etwas von Herrn Rütter zu lernen oder sich an diesem Wunderhund ein Beispiel zu nehmen.

Irgendwann schlafe ich dann endlich ein, und weil mein Mann meistens ins Bett geht, kurz bevor ich aufstehen muss, schlafen wir in den letzten zwei Adventwochen in getrennten Zimmern. Denn auch er kann natürlich nicht sofort einschlafen. Im Gegensatz zu mir braucht es bei ihm zum Runterkommen aber nur ein bisschen Arno Schmidt oder Thomas Mann.

So gern ich mit meinem Mann seit fast zwanzig Jahre zusammenlebe, seit fünfzehn Jahren zusammenarbeite und ich mir eigentlich neunundvierzig Wochen im Jahr nichts anderes vorstellen kann, habe ich in den letzten zwei Wochen vor Weihnachten heimliche Fantasien: Wie wäre es wohl, mit jemand anderem verheiratet zu sein? Nicht, weil ich einen anderen Mann will, nein, verlockend ist eher der Gedanke, dass es schön wäre, mit jemandem die Wohnung zu teilen, der nicht genauso kaputt ist, wie ich es bin. Ein Anwalt mit einem geregelten Bürojob. Ein Bankangestellter, ein Surflehrer, der nur im Sommer arbeitet und im Winter genügend Zeit hat, mich zu bemitleiden und sich um mich zu kümmern. Ach, das wäre manchmal schön, denn bei uns läuft ständig der Wer-ist-ärmer-Kampf, obwohl wir natürlich beide wissen, dass das rein gar nichts bringt. Wenn ich den ganzen Tag im Laden stehe, umgeben von Menschen, die alle an mir zupfen und auf mich einreden, dann stelle ich mir die Nachtschichten meines Mannes als reinsten Wellnessurlaub vor. Was natürlich Schwachsinn ist, und selbstverständlich möchte ich niemals tauschen. Ich würde wahrscheinlich depressiv werden, wenn ich Nacht für Nacht alleine im Lager stehen würde, vor mir drei mannshohe Stapel mit Kisten, regalmeterlange Kundenbestellungen. Dann lieber viele Gespräche, Stress, Lachen, hin und wieder ein schlecht gelaunter Kunde. Das ist es ja eigentlich, was das Buchhändlerinnenleben für mich ausmacht.

Trotzdem, ein bisschen jammern muss man manchmal, doch auch da hat Oliver inzwischen Routine. Wenn ich ihm von einem Kunden, der mich wirklich schlecht behandelt hat, der grantig und unfreundlich war, erzähle, dann starrt er auf seine Lieferscheine und berichtet, dass bei der heutigen Lieferung so gar nichts gestimmt hat, viele Bücher falsch gepackt waren, es bei der telefonischen Hotline kein Durchkommen gab und er für die letzten zwei Kisten fünfmal so lange gebraucht hat wie sonst. Ja eh. Wir sind arm. Er ist auch arm, ich weiß. Aber.

Wenn einer von uns krank ist, ist es natürlich noch schlimmer. Mittelohrentzündung am fünfzehnten Dezember, ich habe Fieber, Ohrenschmerzen, schlucke Parkemed, und der Doktor zwingt mich zumindest für drei Tage ins Bett. Danach darf ich mit Watte im Ohr und Mütze auf dem Kopf wieder arbeiten. Ich bin arm und krank und will bedauert werden, leider hat niemand Zeit dafür, und Oliver ist noch viel ärmer.

Ich habe mal von einer Stiftung gelesen, die für BuchhändlerInnen, die im Alter in eine Notlage geraten sind, sammelt. Vielleicht sollte ich so etwas Ähnliches ins Leben rufen: eine Stiftung, die die Kosten der Supervision für Ehepaare, die gemeinsam eine Buchhandlung haben, übernimmt. Zumindest im Dezember. Ich weiß zwar nicht genau, wann wir die Stunden besuchen könnten, aber vielleicht kann man das ja auch prophylaktisch schon im August erledigen.

HABEN SIE ZUFÄLLIG ...?

»Haben Sie zufällig den neuen Meyerhoff da?« Immer wieder wundern wir uns über solche Fragen. Das Buch ist neu, steht, seitdem es erschienen ist, auf den vorderen Plätzen der Bestsellerlisten, und der Erfolg war auch nicht ganz unerwartet. Das heißt, wir haben bereits Wochen vor Erscheinen Unmengen davon bestellt. Und trotzdem fragen die Leute, ob wir das zufällig dahaben? Manche kommen auch rein, blicken sich um und fragen dann, ob es ein System gibt, nach dem die Bücher hier geordnet sind. Nein, es kommen irgendwelche Bücher bei uns an, und die werden dann einfach wahllos ins Regal gestellt, so, wie es uns einfällt oder es der Platz erlaubt. Also: Auch wenn es nicht immer so aussieht, in dieser Buchhandlung – ja, in jeder Buchhandlung – steht nichts zufällig rum, und es gibt ein System, auch wenn es auf den ersten Blick nicht immer zu erkennen ist.

Die Logistik ist in den letzten Wochen des Jahres die größte Herausforderung. Nicht die vielen Menschen, nicht der wenige Schlaf, nicht die permanente Reizüberflutung, nein, das Kunststück zu vollbringen, durch diese wenigen Quadratmeter Buchhandlung Tausende von Büchern durchzuschleusen, denn in diesen Wochen machen wir zwanzig Prozent unseres gesamten Jahresumsatzes, das ist eine ganze Menge Holz.

In den ersten Jahren hat uns die Anzahl der bestellten, also demnach auch gelieferten Bücher schier überrannt. Wir hatten lediglich ein kleines Hinterzimmer, das mit einem Schreibtisch, Regalen für ein kleines Überlager und einem Auspacktisch schon ziemlich zugestellt war. Wurde dann die Ware angeliefert, ging gar nichts mehr, was bedeutete, dass wir die Kisten im Treppenhaus zwischenlagern mussten und Oliver sie nach und nach zum Auspacken reinholte. Das ging nicht lange gut, manchmal war es so eng, dass wir kaum zu unserem Klo auf dem Gang durchkamen, und auch die Vermieterin fand es verständlicherweise irgendwann nicht mehr lustig.

Wie gut, dass wir über der Buchhandlung wohnten und ein großes Esszimmer hatten. Und wie gut, dass wir es im Dezember nicht brauchten, weil wir keine Zeit zum Essen hatten und sowieso nicht auf die Idee kamen, jemanden einzuladen. Also wurde so viel wie möglich aus dem Hinterzimmer der Buchhandlung nach oben gebracht. Zum Glück ist Oliver handwerklich begabt, und die Meter Bücherregale, die er in seinem Leben schon aufgestellt hat, würden inzwischen wahrscheinlich von Wien bis nach Salzburg reichen. Also baute er einfach Ende November ein paar Ivar-Regale in unser Esszimmer, in denen dann Reiseführer, Bilderbücher und das Kochbuchüberlager untergebracht wurden. Die sogenannten Stapeltitel, also die Bücher, von denen wir immer ganz viele dahaben, weil wir im Dezember täglich Unmengen davon verkaufen, wurden in Kisten verpackt, diese wiederum auf kleine Rollwägelchen gestellt und ebenfalls im Esszimmer deponiert. Da standen sie dann vor den Regalen und konnten bei Bedarf zur Seite gerollt werden. Das mit dem Zur-Seite-Rollen war extrem wichtig, denn man musste schließlich auch den großen Esstisch, der in der Mitte des Raumes stand, erreichen können. Nicht etwa, um daran zu sitzen und zu speisen, nein, hier wurden die sechs Adventbüchertische, die wir in den verschiedensten Schulen aufliegen haben, auseinandersortiert. Mehrere Hundert Kinderbücher in jeweils großen Stapeln, daraus bekommt jeder Schüler ein eigenes Sackerl mit seiner Bestellung. Dafür brauchte man einen großen Tisch. Sehr klein hatte das mal begonnen, mit den Schulbuchausstellungen: eine Schule und ein Kindergarten, und weil ich so schlecht Nein sagen kann, wurden es jedes Jahr mehr Schulen und Kindergärten. Ich hatte schon längst keinen Überblick mehr, aber zum Glück hatten wir Evas Mama, die jeden Tag kam und alles im Griff hatte. Nur manchmal, wenn ich nachts durchs dämmrige Esszimmer ging und die Bücherstapel mit den dazwischen herausragenden Rechnungen, markiert mit Post-its in unterschiedlichen Farben für die einzelnen Schulen, sah, bekam ich ein wenig Panik. Was war, wenn sie einfach nicht mehr kam, die Mama von

Eva? Wenn sie krank wurde oder auf dem Gehweg aus-
rutschte? Schließlich war sie schon fast siebzig, und auch
wenn sie fit war, man wusste ja nie! Niemand, keine von
uns, würde diese Bestellflut übernehmen können, und
zwar nicht nur aus zeitlichen Gründen, sondern auch
weil wir es nicht verstehen würden.

Dieses Esszimmerlager war auch gar nicht schlecht
für unsere Fitness, denn mehrmals am Tag mussten wir
in den ersten Stock, um irgendwelche Bücher zu holen.
Wenn das Warenwirtschaftssystem vier Romreiseführer
im Bestand anzeigte, wir aber nur drei im Laden fanden,
dann stand der vierte in unserer Wohnung und wurde
selbstverständlich rasch gebracht. Auf dem Weg zurück
konnte man auch noch schnell am Kühlschrank haltma-
chen, ein Würstchen oder ein Stück Käse in den Mund
stecken und wieder runterlaufen. Manchmal fragte ich
mich allerdings, was die KundInnen so dachten, wohin
wir verschwanden, wenn wir murmelten »Ich schau
noch mal ins Lager« und acht Minuten später völlig
atemlos das gewünschte Buch in der Hand hielten.
Glaubten sie, wir hätten hinten einen riesigen Hangar
mit Regalen? Eine Lagerhalle wie bei Amazon?

Seit ein paar Jahren ist das Esszimmerlager Geschichte.
In unserem Esszimmer steht ein großer Tisch mit ein
paar Stühlen, ein Geschirrschrank, seit Neuestem sogar

ein kleiner Ofen und daneben zwei gemütliche Sessel. Nicht, dass wir da mittlerweile im Dezember sitzen würden, aber wir könnten es. Theoretisch. Und es sieht schön aus.

Das Esszimmer gehört uns, weil wir gegenüber der Buchhandlung einen großen Raum angemietet haben. Es war früher das Lager eines Malermeisters, und jahrelang beobachtete ich ihn, wenn ich ihn im Viertel traf. Der ist doch schon so alt! Der muss doch mal in Pension gehen! Dann braucht der doch auch kein Lager mehr, und für uns wäre es perfekt! Direkt gegenüber, groß, hell, wir hätten endlich Platz fürs Auspacken, für das Lager, die Schulbüchertische, den Paketversand. Und tatsächlich: Der Wunsch ans Universum wird wahr, der Maler geht in Pension, und über einen kleinen Umweg können wir die Immobilie mieten. Unser Baumeister bastelt in zwei Monaten einen zweckdienlichen Raum, und unser Leben ist wieder ein Stück einfacher geworden.

REZEPTE

Krautfleckerl von Hugo Gold

(aus *Österreich vegetarisch*, Brandstätter Verlag)

Rezept für 4 Personen, für hungrige BuchhändlerInnen
entsprechend mehr

Für die Fleckerl:
30 dag (300 g) Mehl (halb griffig, halb glatt)
1 TL Salz
3 Eier
2–3 EL Wasser
1 EL Öl
Alles zusammen zu einem glatten, nicht allzu festen
Teig kneten, in Folie wickeln und 1 Stunde rasten lassen.
Dünn ausrollen (wer hat: mit einer Nudelmaschine) und
in Fleckerl (2 × 2 cm) schneiden.
In Salzwasser ca. 2 Minuten bissfest kochen und abseihen.

Man kann natürlich auch Fleckerl kaufen. Es schmeckt
halt nicht ganz so gut, aber noch immer sehr gut.

Für das Kraut:
2 Zwiebeln, in kleine Stücke geschnitten
1 Krautkopf, in kleine Vierecke geschnitten
3 EL Öl
½ Knoblauchzehe, gehackt
je 1 EL Zucker, Salz, Pfeffer
1 TL Kümmel

¼ Liter Gemüsesuppe

1 TL Majoran

Zwiebel und Kraut langsam in Öl rösten, Knoblauch
dazu. Mit dem Zucker leicht hellbraun karamellisieren,
Salz, Peffer, Kümmel dazu, die Gemüsesuppe unter-
gießen.
Kurz bissfest dünsten.
Majoran dazu und unter die Fleckerln mischen.
Beim Anrichten eventuell 1 EL Rahm pro Portion dazu-
geben.

Wiener Erdäpfelsuppe von Hugo Gold

(aus *Österreich vegetarisch,* Brandstätter Verlag)

Rezept für 4 Personen, BuchhändlerInnen brauchen die dreifache Menge

2 EL getrocknete Steinpilze
3 speckige (= festkochende) Erdäpfel
1 Zwiebel
1 Knoblauchzehe
100 g Wurzelwerk (Sellerie, Karotten, gelbe Rüben, Petersilwurzel)
1 EL Butter
1 TL getrockneter Majoran
Salz, eine Prise gemahlener Kümmel, Pfeffer
1–2 EL glattes Mehl
1/8 Liter Obers
1 EL klein geschnittene Petersilie
1 Liter Gemüsesuppe

Steinpilze mit Wasser bedeckt mindestens 30 Minuten einweichen, klein schneiden, das Einweichwasser aufheben.
Erdäpfel schälen und kleinwürfelig schneiden, Wurzelwerk und Zwiebel klein schneiden, ebenso den Knoblauch.

Erdäpfel, Zwiebel, Wurzelwerk und Knoblauch kurz in Butter anschwitzen, mit Majoran, Kümmel, Salz und

Pfeffer würzen. Mit Mehl bestäuben und kurz wei-
terrösten.

Mit der Gemüsesuppe übergießen, Steinpilze und das
Einweichwasser dazu.

Obers dazugeben und etwa 15 Minuten köcheln lassen.

Abschmecken, klein geschnittene Petersilie unterrühren
und mit Petersilie garniert servieren.

Sheikh El Mahshi von Houda Alali

Eine Zucchini waschen und aushöhlen (nicht halbieren, sondern die ganze Zucchini von vorne aushöhlen).
In Öl frittieren.
Faschiertes mit fein gehackter Zwiebel, Salz und Gewürzen in Öl anbraten.
Zucchini mit dem Fleisch füllen.
1 Liter Joghurt mit einem großen Glas Wasser und 1 EL Stärke oder einem Ei vermischen, ca. 2 Minuten ohne Hitze rühren, dann kurz aufkochen lassen. Wenn die Joghurt-Mischung langsam eindickt, die Zucchini dazugeben und ca. 10 Minuten darin kochen.

Makluba (vegetarisch) von Zahra Alali

4 mittelgroße Auberginen
2 Tassen Reis
5 Zehen Knoblauch
Sonnenblumenöl zum Anbraten
Salz
Pfeffer

Reis gut waschen und mit heißem Wasser bedecken.
Auberginen in dünne Scheiben schneiden und in Öl
anbraten.
Die Hälfte der Auberginen mit dem Kartoffelstampfer
zerkleinern und mit dem zerkleinerten Knoblauch vermischen, dann Reis mit der Auberginen-Knoblauch-
Masse in einem Topf gemeinsam kochen. Dazu frisches
heißes Wasser verwenden, pro Tasse Reis nimmt man
1 ¼ Tassen Wasser.
Die gebratenen Auberginen wie eine Blume oder als
Muster in eine Springform legen, dann den Reis mit der
zerkleinerten Aubergine drüberhäufen, ein wenig fest-
drücken. Wenden und die Form öffnen. Wenn alles gut
geht, sieht es aus wie eine Torte.

Paprikahuhn von Doris Knecht

Aus: *Das große Sacher-Kochbuch* (leider vergriffen)

1 Brathuhn
40 g Butter
2 Zwiebeln
4 Knoblauchzehen
1 Becher Sauerrahm
1–2 TL Mehl
Salz
20 g Edelsüßpaprika
Zitronenschale
Paradeismark oder frische Paradeiser
¼ Liter Hühnerbouillon oder Wasser
evtl. ½ grüne Paprika

Das bratfertige Huhn vierteln, salzen und in heißer
Butter beidseitig goldgelb anbraten. Dann warm stellen.
Im Bratrückstand Zwiebeln und Knoblauch goldbraun
rösten. (Wer möchte, fügt zum Schluss noch eine halbe
grüne Paprika, in Streifen geschnitten, dazu.) Die
Pfanne kurz vom Herd nehmen, Edelsüßpaprika vorsichtig einrühren und dann mit ¼ Liter Hühnerbouillon
aufgießen, etwas Paradeismark beigeben und aufkochen
lassen.
Mit Salz und Zitronenschale würzen. Die Fleischteile in
diese Flüssigkeit (Fond) geben und auf schwachem
Feuer zugedeckt etwa eine halbe Stunde schmoren, bis
das Fleisch weich ist.

Dann die Fleischteile in ein frisches Geschirr geben. Inzwischen Sauerrahm, etwas Wasser und Mehl mit dem Schneebesen verrühren, in den Fond einrühren, dicklich einkochen, dabei öfter umrühren und schließlich über die Fleischteile passieren.

Alles noch einige Minuten ziehen lassen. Beim Anrichten mit einem Löffel Sauerrahm und grünen Paprikastreifen garnieren.

Beilage: Nockerl und grüner Salat.

Nuss-Vanillekipferl

(nach einem Rezept von Silvia Nosseks Oma)

28 dag Mehl (universal oder glatt)
21 dag Butter
10 dag Nüsse
10 dag Staubzucker
etwas Backpulver
Zitronenschale

Alles zu einem Teig verkneten, schmale Rolle formen, teilen und zu Kipferl formen. 18 Minuten bei 150 Grad backen.
Staubzucker mit Vanillinzucker mischen und die Kipferl heiß damit bestreuen.

Buchempfehlungslisten
(ohne Anspruch auf Vollständigkeit und rein subjektiv)

Das geht immer:
Alle Bücher von Joachim Meyerhoff
Robert Seethaler: Der Trafikant
Robert Menasse: Die Hauptstadt
Juli Zeh: Unterleuten
Gerard Donovan: Winter in Maine

Für den Schwiegervater, der alles hat:
Peter Weinhäupl: Grado. Der Strand Mitteleuropas
Isabella Ackerl: Unbekanntes Wien
R. G. Grant: Wächter der See
Alastair Bonnett: Atlas unserer Zeit

Ein Sachbuch für einen sehr gebildeten Herrn:
Didier Eribon: Rückkehr nach Reims
Philipp Blom: Der taumelnde Kontinent: Europa
    1900–1914
Yuval Noah Harari: Eine kurze Geschichte der
    Menschheit
Geert Mak: In Europa. Eine Reise durch das 20. Jahr-
    hundert
Ta-Nehisi Coates: Zwischen mir und der Welt

Etwas Nettes für eine Dame:
Isabel Bogdan: Der Pfau
Alan Bennett: Die souveräne Leserin
Mariana Leky: Was man von hier aus sehen kann

Etwas Lustiges:
Alles von Max Goldt
Marc-Uwe Kling: QualityLand
Tommy Jaud: Hummeldumm
Daniel Glattauer: Gut gegen Nordwind
David Sedaris: Nackt

Für einen 14jährigen Nichtleser:
Alle Harry-Potter-Bände
Ursula Poznanski: Erebos
Louis Sachar: Löcher
Andreas Eschbach: Black Out
Roddy Doyle: Wildnis

Danksagung

Ich danke Jo Lendle, ohne den es die Geschichte der
»wundervollen Buchhandlung« wahrscheinlich nie gegeben hätte, und Friedrich Dönhoff, der sich ein Buch
über den Weihnachtswahnsinn gewünscht hat.

Außerdem danke ich dem gesamten Team des DuMont
Buchverlags – ohne euch würde es mich als Autorin gar
nicht geben. Ihr seid die Besten, wenn es um Bücher
und Partys geht!